AF210646

Av Gillis Bergh

2021

Anspråkslösheten

En bok om livsstilar

FSC
www.fsc.org
MIX
Papper från
ansvarsfulla källor
Paper from
responsible sources
FSC® C105338

skriven av:

Gillis Bergh (pseudonym)

Omslag och bilder från Pixabay

FÖRLAG: BOOKS ON DEMAND, SVERIGE
TRYCK: BOOKS ON DEMAND, TYSKLAND

ISBN 9789180070515

Anspråkslösheten

Är livets lycka
(Aristoteles)

Innehållsförteckning.

Innehållsförteckning. (fortsättning)

Anspråkslösheten. (prologen)

Anspråkslöshet är viktigare för lyckan än rikedom och glans. De orden blev valspråket för Drottning Kristina när hon kröntes till regent 1644.

Så hur är det då att vara anspråkslös!
Hur blir man det! Finns det fördelar med att leva
anspråkslöst och hur ser i så fall ett anspråkslöst
leverne ut!

Till att börja med så har en höjd levnadsstandard
till följd av ekonomiska framgångar och den fria
marknaden gett oss många bra saker, en explosi-
on av teknologiska hjälpmedel, kommunikation,
transport, medicin, köksredskap, mobiltelefoner,
you name it.

Den lite mer extrema baksidan av detta kan vi se
i program som Lyxfällan, där människor som vill
hänga med i äga-prylar-spelet skuldsätter sig för
att kunna ha och äga så mycket som möjligt. Men
även bland många som är välutbildade och tjänar
bra blir det lätt så att de anpassar sin livsstil till
lönen så att det ändå inte är mycket kvar av pen-
garna i slutet av månaden.

Eftersom det är viktigt med definitioner så måste
här nämnas att om man inte är helt anspråkslös så
är man mer eller mindre bortskämd.

Men egoistisk är man inte för det är motsatsen till
altruism. Om man är anspråkslös så har man inget
behov av att ha. Är man bortskämd så får man allt
som andra anser man ska ha.

2.

Den egoistiske tar det den vill ha, ofta på bekostnad av att andra blir utan. En altruist avstår det den skulle kunna få till förmån för andra.

Redan de gamla stoikerna med filosofer som den Romerska kejsaren Marcus Aurelius och Seneca visste värdet av att skala ned på sin livsstil istället för att falla för marknadens lockelser om status, snabba njutningar och bekvämligheter.

Samma budskap om måttlighet och en minimalistisk livsstil kan vi finna bland krigarfolket i Sparta (varav begreppet spartanskt) till såväl Buddhismen som Kristendomen.

Att leva spartanskt är att leva enkelt och hårt, du äger inte mer än du behöver, du äter inte mer än du behöver, du engagerar dig inte i onödiga saker som tar av din tid och dina resurser.
Du lever minimalistiskt och praktiskt.

Ett spartanskt liv gör dig hårdare då du förvägrar dig själv omedelbar tillfredsställelse som med snabbmat, porr och tv-serier. När du väljer att promenera istället för att ta bilen eller bussen. När du väljer att äta enkel men nyttig mat istället för att laga en lyxmåltid, att ta en kall dusch istället för ett långt bad.

Att bära några få praktiska plagg istället för dyra märkeskläder. Att läsa böcker istället för att skaffa en stor platt-tv och så vidare.

Du blir starkare fysiskt och mentalt när du inte ständigt behöver underhållning, snabbmat och bekvämligheter för att vara nöjd. Det sparar tid och pengar när du inte behöver fundera på vad du ska äta, vilken film du ska se, vad du ska ha på dig och så vidare, då sparar du tid.

En middag för dig kan vara en burk tonfisk och ett par nävar med grönsaker och olivolja, du behöver inte laga en trerätters middag var och varannan dag. Du har inte så många uppsättningar kläder, bara några få praktiska plagg som passar de flesta situationer.

Du bryr dig inte om inredningsdetaljer, du behöver inte tjugo redskap i köket, du behöver inga prydnadskuddar, en smart klocka eller den senaste datorn. Alla dessa saker binder bara upp din tid och dina pengar.

Att leva anspråkslöst gör dig oberoende ansåg Tyler Durden i amerikanen Chuck Palaniuks roman om Fight Club. Han som menade att det du äger annars kommer att äga dig.

4.

När du gör dig beroende av en massa saker som kostar pengar blir du tvungen att jobba mer och oftare, detta i sin tur gör att du blir mer beroende av din chef och dina överordnade. Varje gång du påbörjar en prenumeration på en tidning eller dylikt så binder du upp dina pengar och din tid till saker du egentligen inte behöver.

Att ha möjlighet att köpa saker är givetvis inte fel, men när du gör dig själv beroende av dem så förslavar du dig själv.

Den anspråkslösa vägen gör dig smartare när du inte hela tiden väljer den enkla vägen. Om du i stället försöker tänka minimalistiskt tvingas du tänka mer och smartare. När du skär upp ditt eget kött, lagar mat utan köks-assistent, lär dig laga bilen själv och så vidare, tvingar du dig själv att utvecklas och bli smartare. Istället för att insupa populärkultur hela dagarna via dagstidningar och tv-program läser du istället böcker från ditt lokala bibliotek.

Du lär dig själv saker på riktigt som du faktiskt har nytta av när du behöver det. Det gör dig mindre orolig.

Om elen stängdes av i din byggnad på grund av ett elavbrott berör det dig inte nämnvärt.

Om det inte går några bussar till centrum på grund av snöoväder har du inga problem att vada genom snön för egen kraft.

Om du blir varslad från jobbet har du inga problem med att leva på små medel under en längre tid. Vad många andra upplever som katastrofer ser du som mindre gupp i vägen.

Att leva anspråkslöst behöver dock inte innebära att du inte vill förvärva pengar, mark och egendomar.

Det behöver inte heller betyda att du aldrig kan njuta av ett varmt bad, en underhållande film eller en god måltid. Det enda det betyder är att du inte är beroende av allt detta och att du samtidigt gör dig själv starkare, smartare, friare genom att anpassa dig till en mer hållbar livsstil.

Fattiga kan förbättra sin situation genom att sälja sina barn som delikatesser till rika människor. Den avarten av anspråkslöshet skrev Jonathan Swift 1729 i artikeln "Ett anspråkslöst förslag".

Då var medellivslängden i Europa drygt 30 år, varje kvinna födde i snitt sex barn och hälften dog innan de hann fylla fem år.

6.

Svälten och fattigdomen var fruktansvärd.
Men ändå var givetvis Swifts artikel satirisk.
Vissa missade detta och kritiserade Swift för sitt
inhumana förslag, medan de flesta inte läste
artikeln alls eftersom ungefär 90 procent av
världens befolkning då var analfabeter. 290 år
senare har vår värld förbättrats bortom Swifts
vildaste fantasier. Varje kvinna föder nu i snitt
1,59 barn och mindre än en halv procent dör
innan de fyllt fem. Medellivslängden har ökat till
drygt 80 år i Europa. Det som också ser ut att öka
är misantropin, hatet eller det starka ogillandet
mot det mänskliga släktet.

Ett enskilt utspel, även om det är ack så bisarrt
och inhumant, kan vi låta passera.

Men Jonathans förslag vilade på en fond av
ökande misantropi. Man kan knappt tro att
Jonathan Swift menade allvar med sitt förslag för
290 år sedan. En bit in i texten handlar det om
Irland i början på 1700-talet. Mannen som skriver
denna text är utless på all fattigdom och alla fatti-
ga barn som strör omkring på gatorna. Han anser
att dessa är besvärande för den förbipasserande
och vill hitta en lösning på detta så att dessa barn
på något sätt kan bli nyttiga för allmänheten.

Enligt hans uträkningar föds 120 000 barn om året av fattiga föräldrar, dessa kommer sedan under deras uppväxt enbart att vara till besvär då de inte kan inbringa mer än tre pund efter 12 års ålder vilket inte ens täcker utgifterna till trasor att klä sig i och mat för dagen.

Swift hävdar även att när dessa barn sedan växer upp kommer dem förmodligen bli tjuvar p.g.a arbetsbrist eller sälja sig själva till Barbados.

Visst kan människor av naturliga orsaker vara födda med anlag för anspråkslöshet. Man kanske inte själv förstår varför men ändå har en dragning till det sättet att leva utan reflektion.

Av någon "outgrundlig" anledning gillar en del inte lyx, men de flesta med den egenheten undviker att nämna det alltför mycket eftersom man tror att det kan uppfattas som lite fult att säga. Har man i stället anlag för högmod så lär man nog bli upplyst om detta anlag praktiseras. Visar det sig vara i större omfattning kan detta anlag till och med övergå i egoism.

Nicke Näbbmus.

Det råder en utbredd uppfattning om att djur
sällan är altruistiska. Vilket alltså är motsatsen
till egoism. Djur kan dela med sig till andra djur
inom samma flock, men sällan eller aldrig till
någon utomstående.

Med altruism inom biologin menas ett beteende
som   reducerar de reproduktiva chanserna hos ett
djur (givaren eller hjälparen) men som ökar ett
annat djurs förutsättningar att överleva och fort-
planta sig.

Djur uppvisar emellanåt beteenden där individen
offrar sitt eget välbefinnande till förmån för andra
djurs överlevnad. Denna altruism kan tyckas mot-
säga evolutionen och teorin om det naturliga
urvalet, men avkomman eller nära släktingar
gynnas nästan alltid i det långa loppet på något
sätt av beteendet. Fenomenet har studerats
inom etologi, kulturell evolution och spelteori,
där man har formulerat en rad teorier som
förklarar altruism i naturen med genetiska
vinster. Richard Dawkins diskuterar i sin bok
Den själviska genen hur oegennyttiga handlingar
på individnivå, särskilt mellan besläktade indivi-
der, kan vara själviska på den genetiska nivån.

Nu handlar ju anspråkslöshet om mer än bara viljan att dela med sig. I mångt och mycket är själva livsbeteendet grunden för om någon kan betecknas som mer eller mindre anspråkslös.

I den bemärkelsen är djur tveklöst att anse som mer generellt anspråkslösa än människor, då djuren inte äger saker och inte tycks vara i behov av sådant som är icke livsnödvändigt. Men djur kan roffa åt sig hur som helst av det de behöver. Som material till bostäder vilket de tar från våra gemensamma naturresurser. Vissa djur och speciellt fåglar är mycket duktiga hantverkare och kan tillverka saker till bobyggnad.

Så djur är i hög grad anspråkslösa, men definitivt även egoister, speciellt när det gäller födan, vilket historien om Nicke skulle kunna illustrera:

Dallrande morrhår söker konstant av vibrationen i luftens rörelser. Dessa känsliga borst, som är nosens antenner, reagerar blixtsnabbt på varje uppfattad förändring i omgivningens atmosfär. Inom bråkdelen av en sekund avrapporteras en detaljerad information via sofistikerade nervtrådar som, med sin koppling till den somatosensoriska hjärnbarken på ägaren, till och med kan få en liten mus att ana ugglor i mossen.

Fara och färde kan föreligga anar Nicke i sin analys av morrhårens alarmism. Möjligen en vindvridning åsamkat av en jagande sparvhök, ringlande hasselsnok, kringelgumma, struttgubbe eller annat löst folk eller fä. Eller så är larmet, som vanligt, inget att bry sig om alls.

Kanske bara en kårstrimma från sydvästan som smet iväg i en ny bana mellan gran och fur. Morrhåren larmar aldrig falskt.

Någonting är i görningen, det vet den lilla musen, som själv måste avgöra om den behöver fly undan och gömma sig eller lugnt tassa vidare. Nosen är en av den lilla gnagarens bästa vänner. Den andre är hörseln. Också den mycket välutvecklad med öron i proportion av ett paraboliskt format.

Ögonen är till föga hjälp då synförmågan hos en näbbmus är minst sagt risig. På sin höjd kan den urskilja rörelser i svartvitt format, vilket ändå är till stor hjälp i det mörker som skogsmusen ofta befinner sig i när den är aktiv.

Alla möss är till största delen nattdjur. Det är då en liten tyst krabat kan smyga omkring i skydd av mörkret och leta efter något att äta. Sova får man göra på dagen då många andra betydligt större krabater är vakna, vilket automatiskt innebär att farorna då blir fler.

Näbbmusen är mindre än skogsmusen och kan komma in i ditt hem genom att klämma sig igenom en så liten springa som myntbössan i en varuvagn. Som alla möss är näbbmusen väldigt nyfiken och kan tänkas gnaga eller äta på alla möjliga livsmedel som finns tillgängliga i huset, samt även andra hushållsprodukter som lim eller tvål.

Och så kan de hoppa lika högt som en linjal är lång samt klättra uppför till synes släta väggar.

En mus kan springa 3,5 meter per sekund och flyter så bra att den kan simma så långt som 800 meter.

Den behöver inte något separat vatten att dricka utan kan överleva på den vätska som finns i maten den äter. Till skillnad från människans genomsnittsålder på 83 år så har näbbmusen, "bara" 2 år på sig i livet innan den förpassas till de "sälla jaktmarkerna" av ålderskrämpor. Någon mössräkning har aldrig ägt rum, så exakt hur många näbbmössen är vet man inte. Att det finns 350 olika arter av näbbmöss, det vet man däremot. Att människor, med eller utan mössa, är 8 miljarder i antal, det vet man ganska exakt. Men det finns bara 11 kända arter av människa varav 10 är utdöda som varelser.

Eftersom antalet vilda djur beräknas till ungefär 4 miljarder så kan man då i alla fall rent hypotetiskt anta att näbbmöss är något mindre förekommande än människor. En näbbmus får hålla till godo med det som naturen har att erbjuda. Insekter till frukost och middag samt övernattning och någon jordhåla som den får gräva ut själv. Ett spartanskt anspråkslöst liv kan tyckas av den som är van vid mer av det goda.

Men näbbmöss är inte vana vid överflödets lyx. Den vanan eller ovanan har den i frihet tagit för vana att inte lägga sig till med.

13.

Näbbmöss lever i grupper där de samsas relativt
väl med andra möss av sin egen art, men när det
gäller föda så får var och en klara av sin mathåll-
ning bäst den kan. Sådan är livets förutsättning
för musungen så fort den lämnar boets trygga
famn i jord eller lövhålan.

När någon föda riktigt hägrar med god arom så
kan vissa näbbmöss bli så kluriga att de till och
med blir snillrikt elaka. Så blev det för Nicke
näbbmus när han norpade åt sig den ostbit som en
elak människa apterat på en musfälla.

Visserligen var Nicke näbbmus lite sent ute.
Men det var tur för honom det, för en muskompis
hade dessförinnan försökt nå ostbiten men hejdats
abrupt av att fällans bygel slog igen över halsen
på honom. Den enes bröd den andres död kunde
lyckosten till Nicke pipa om samtidigt som han
fick en smart idé.

När fällan gillrats med ost igen så hämtade den
listige Nicke en ny kompis som lockades med till
ostbutiken. Kompisen blev naturligtvis så sugen
vid åsynen av den så gott doftande ostbiten att
inte heller han kunde motstå frestelsen.

Men allt slutade så som det så ofta gör för den mus som inte tänker längre än nosen räcker. Fällan slog med en snärt rakt över hans hals. Och så var det bara för den klurige Nicke att knalla iväg med den ostbit som satt mellan tänderna på den så sorgligt nyss hädangångne före detta muskompisen.

Men bär man sig åt på dette viset så får man inga nya kompisar, det fick Nicke snabbt erfara.

Till slut var han så ensam, hungrig och utsvulten att han kände sig tvungen att försöka pillra ut ostbiten ur fällan med svansen.

Han tänkte som så, att om han bara var tillräckligt snabb så skulle han nog kunna få undan svansen om fällan slog igen. Den taktiken hade Nicke räknat ut helt på egen tass.

Dessvärre gick det inte som beräknat. Ostbiten smaskade han visserligen i sig och inte blev han halshuggen heller, men i giljotinfällan blev han fast med svansen i kläm. Med viss galghumor konstaterade ändå Nicke att det nog var en herrans tur att inte katten var där och såg hans belägenhet.

Loss kom han till slut genom att bita av sig svansen. Ut i friheten tassade han kvickt på alla sina 18 tår. Nya äventyr stod på lut för den nyfikne näbbmusen Nicke, numera svanslös.

Vissa näbbmöss har infångats av människor och då fått bo i burar med varma trälådor som försetts med torkad halm. En sådan grandios sängbonad har ingen näbbmus som lever i frihet.

En hjulroterande karusell för daglig motion hänger i burens tak. Mat serveras i överflöd. Inga insekter här inte. Leverpastej och ost på bricka ska det vara.

Näbbmusen i fångenskap får i stort sett allt den pekar på annars blir den odräglig och sur. Så småningom blir denna näbbmus lika tam och tillvänd som en hamster. Den följer ägaren i spåren för ett rikare liv.

Släpps den ut genom dörren så smiter den snabbt in igen. Ute lurar faror och så kan det vara blött och otäckt. Någon unken jordhåla vill den inte sova i mer.

Och varför ska man leta efter knastriga insekter utomhus när det serveras så mycket annat godare inne. I detta tillstånd har den, med människans hjälp, faktiskt lyckats uppnå en aktningsvärd ålder av 4 år. Det dubbla mot en frigående näbbmus således. Men till priset av att musen blev bortskämd.

Om näbbmusen lever ett lyckligare liv som bortskämd än som anspråkslös, det kunde inte ens den akademiska panelen med de lärde i fråga Lund svara på, trots att flera vetgiriga var näbbiga nog att upprepa samma fråga.

Den smarta råttan.

Det är ingen slump att råttan är det vanligast förekommande djuret i olika experiment och studier, det är nämligen en riktigt smart liten jävel. Råttornas psyke liknar människans på många sätt och de besitter en mental förmåga som kallas metakognition, en förmåga som bara påträffats hos människan och ett fåtal andra arter.

Med hjälp av sitt utmärkta luktsinne kan råttor upptäcka landminor och bomber, precis som en hund. Råttor reagerar även på stress, uppvisar tecken på att kunna känna ånger och att sörja, precis som vi gör. Det är heller ingen slump att råttan har koloniserat varenda kontinent förutom Antarktis, då de är otroligt anpassningsbara och uppfinningsrika.

Labbe Labrador.

Sällskapsdjur kallas de för. Åtminstone de hundar som bor tillsammans med människor i deras bostad. Husdjur däremot, är ett djur som människan tagit under sin vård och skötsel och som regelbundet fortplantar sig i tamt tillstånd och låter underkasta sig en med konst ledd förädling.

I mera inskränkt bemärkelse menas med husdjur endast sådana djur som står i ett mera direkt samband med jordbruket och vilka människan tagit i sin tjänst för nyttiga ändamål. Från de egentliga husdjuren brukar man utesluta sällskapsdjur, vilket gör att hundar som föds upp på kennel kan tyckas hamna lite mellan stolarna. Men ändå inte för djurskötselns syfte med husdjur är främst produktion av livsmedel eller andra varor.

Och hundar äter vi ju inte upp, i alla fall inte i Sverige. Så Labbe kan lugnt låta sin släthåriga batong slå sina mjuka slag mot dörrkarmen.

Klockan i storstugan hade just klämtat på slaget sju. In i sovrummet kikade Labbe Labrador med ivrig förhoppning om att åtminstone någon av sjusovarna skulle höja på ögonbrynen.

För nu var det hög tid att kliva ur sängen tyckte Labbe, och lät nosen klämma fram några pipande yl med en ton som verkligen framhävde hur synd det var om honom.

Kissnödig var han så till den grad att han stod och stampade med tassarna så det trummade i parketten. Men inget hjälpte. Labbes sorgsna ögon kunde bara konstatera att ingen sängliggande rörde på sig, vilket även bekräftades av hans två utåt vinklade öron.

Båda dessa välutvecklade hörselorgan uppfattade inte det minsta avbrott i det enerverande ljudet av snarkande timmerstockar. Det blev till att åter lägga sig på filten och knipa igen.

Labbe Labrador är således född till att bli ett sällskap till någon som behöver en kompis. Dessutom skall han vara tam. Med vilket menas att han blir van vid människor och betraktar sig själv som en del av den flock vars personer han bor med.

Så småningom skulle förhoppningsvis någon
yrvaken människa förbarma sig över hans behov
innan läget blev så akut påträngande att Labbe
tvingades kissa i hallen. Ovett fick han men
tröstade sig med att äta upp husses gympadojor.

Annat är det med Dingo. Hunden i Australien, vars förfäder anlände till kontinenten för tusentals år sedan. Då var dingon relativt vild och mer närbesläktad med det asiatiska beståndet av gråvarg.

Numera kan man kalla Dingo för helvild eftersom den är en omkringströvande vildhund endemisk för kontinenten Australien och som främst förekommer i vildmarken. Den är en uthållig jägare och det största landlevande rovdjuret i Australien.

Dingon liknar tamhunden, och den kan skälla, även om det inte är tamhundens klara skall utan ett kort, dovt skall då den känner sig hotad. Den ylar och gnäller som tamhunden och vargen.

Dingon har en mycket varierad diet, den jagar mindre däggdjur som kaniner och små pungdjur, men tar även fåglar och ödlor och den äter även as, insekter och frukt. Den kan även döda tamboskap, särskilt får. Oftast jagar den på natten. När dingon jagar så tröttar den först ut bytet och sedan springer de ikapp djuret och biter det till döds.

En Dingo blir vanligen 7-8 år i det vilda, men i fångenskap har individer blivit upp till 13 år gamla.

Dingon går i och för sig att hålla som tamhund,
men accepterar då egentligen bara de människor
den träffat före könsmognaden, och den är
aggressiv och skygg mot främlingar.

Dingo är således född till att vara mer vild än
tam. Med vilket menas att han ska undvika
närkontakt med människor så att han inte blir van
vid dem. Dingon kommer då att betrakta sig själv
som en del av den flock vars vilda hundar han bor
med. Om vi inte hade börjat med att hålla hundar
som kelgrisande sällskapsdjur så hade Labbe inte
varit så bortskämd som han är idag utan precis
som Dingon helt anspråkslös.

Husdjuren.

Kossor är typiskt anspråkslösa. De vill bara vara ute och äta. Helst året om. God tid med att äta maten tar de på sig också. Så pass att de äter samma mat två gånger. Men så har de ju hela fyra magar. Magar som är så finurligt utformade att den första mal sönder födan.

Samma mage skickar det malda vidare till andra magen som jäser födan. Därifrån skickas den upp i kons mun där den tuggas om och blandas med saliv. Ner med allt i mage nummer tre där födan blandas med vatten. Slutligen hamnar käket i sista magen där den blir till näring för kon och mjölk till husbonden. Så fiffigt går det vegetariska till att kon inte ens behöver tänder i överkäken då den kan idissla i sig käket.

Betande djur i hagmarker gör landskapet rikt på värdefulla växter, insekter och fåglar.
Det är värdefullt i sig, men bidrar även till viktiga funktioner som gör naturen mer robust. Det är en viktig faktor för att vi i framtiden ska klara av klimatförändringar som extremare väder.
En betad hage kan innehålla så mycket som 40 olika arter per kvadratmeter.

De första nötkreaturen domesticerades troligen i Mellanöstern under stenåldern cirka 5000 år f Kr. Bevarade klippmålningar tyder på att dessa nötkreatur liknade var uroxar med långa horn.

Uroxen är idag utrotad; det sista exemplaret av denna art nedlades under 1600-talet i Polen.

En ko tillbringar 8 timmar/dag åt att idissla.
En ko äter ca 1 ton hö och 8 ton konserverat hö per år. En ko ger ca 7 500 kg mjölk per år.
En människa dricker i genomsnitt ca 140 liter mjölk per år.

Kor har tjänat människan i alla tider. Nöten är utan konkurrens, tidernas mesta husdjur som följt oss i fotspåren under många generationer.

Vi lever i en värld där resurserna är totalt snedvridna. Vi har drygt 700 miljoner människor som lider av undernäring medan andra delar av världen frossar i överflöd.

Det är i frosseriländerna som en del har kommit på den befängda idén att ett totalt upphörande av kött och mjölkproduktionen vore av godo för klimatet och hälsan. Varför ska vi sluta helt med det mest näringstäta livsmedel vi har?

Det finns de som tycker att vi ska hålla betesdjur för betandets skull utan att äta upp dem. Så att de öppna landskapen inte gror igen.

26.

Betesdjur, som är just kött och mjölkdjur, är en förutsättning för att vi ska kunna producera livsmedel överhuvudtaget. Nötkreaturen är inte ett hot mot klimatet, i alla fall inte de som föds upp i Sverige. Möjligtvis kan nötkreaturen ha en negativ påverkan i vissa länder beroende på hur bönder där väljer att föda upp dessa djur. Men att själva svenska kossan skulle vara ett klimathot finns det inte några belägg för. Kossan ingår i ett långsiktigt kretslopp. Hon klimatkompenserar sig själv med att beta och äta gräs. Gräs binder in kol och i gengäld får vi kött och mjölk, två livsmedel med otroligt hög närings-täthet. Vi skulle om vi slutade att hålla nötkreatur på kort sikt möjligtvis bromsa upp klimatförändringen. Dock skulle de långsiktiga konsekvenserna bli försämringar i klimatet främst på grund av att gräsbevuxna marker, som binder kol, skulle minska.

Dessutom ser kon till att vi behåller den mycket viktiga biologiska mångfalden. Bönder i Sverige har under mycket lång tid jobbat mot ett hållbart producerande, och har kommit bra mycket längre än övriga företag i landet. Visst ska vi tänka på vad vi äter, och visst ska vi verkligen tänka över vår kött- och mejerikonsumtion som verkligen är på tok för hög, men då handlar det om att minska importmaten och äta mer svenskproducerat.

Till och med WWF har noterat att vi har för få svenska betesdjur för att det ska vara hälsosamt för vår natur och miljö. Vi har för få betesdjur i Sverige för att uppnå de miljömål som riksdagen satt upp, såsom varierat odlingslandskap och rikt växt- och djurliv. Utan djurhållning kommer markerna att utarmas fullständigt.

Vissa verkar tro att de som förespråkar kött och mjölkkonsumtion bara äter just dessa råvaror, och helt förkastar vegetabilier. Inget kan vara mer fel. Köttet ska man se som ett tillbehör till det övriga på tallriken.

Sedan finns det en till mycket viktig och bortglömd punkt i resonemanget. Alla som har svårt att få i sig tillräckligt med näring, på grund av ålderdom, sjukdom, medicinering eller vad det nu må vara, är nog otroligt tacksamma för att vi har kött och mjölk att tillgå.

Skulle de bara få vegankost skulle de behöva äta stora portioner, och har man svårt att få i sig något överhuvudtaget så är det ju bra om det man lyckas äta har hög näringstäthet. Inget slår animaliska produkter på fingrarna i det avseendet. Men detta glöms liksom bort i detta bortskämda resonemang.

I den delen av världen där människor svälter kan en ko göra enorm skillnad, dels för att den ger näringsrik mjölk, dels är starten i ett hållbart jordbrukande med gödsel som grundelement.

Kalkonen är underskattad som föda.
Den härstammar ursprungligen från Nord och Centralamerika där de jagades både för köttets och fjädrarnas skull. Under kolonisationsperioden blev vildkalkonen en mycket uppskattad föda även för de nya invandrarna. Tillgången blev därmed ganska snart begränsad.

Detta ledde till att både indianer och invandrare tillfångatog vildkalkoner, tämjde dem och höll dem som husdjur. Till Norden och Sverige kom de första kalkonerna i början av 1600-talet. Kalkoner tillhör de största och starkaste hönsfåglarna. Vid fågelns upptäckt av européer var det ännu inte klarlagt att Västindien inte var en del av Indien. Fågeln fick därför namnet "Kalikut-höna" (varav kalkon), efter den indiska hamnstaden vid samma namn.

Tacksägelsedagen inträffar andra söndagen i oktober. Då är det meningen att vi ska få tillfälle att tacka för skörd av det som jorden ger oss.

I äldre tider fanns en utbredd traditionen att
föra frukter och annat till kyrkan som fördelade
god-sakerna till behövande inom församlingen.
Traditionen ändrades av någon outgrundlig
anledning i Amerika i början på 1900-talet.
Till nackdel för kalkonen, ska tilläggas, för det
var den som fick stryka på foten när menyn för
tacksägelsemåltiden ändrades.

Dessutom ger man inte den stekta kalkonen till
kyrkan längre. Man äter upp den själva och tackar
Gud för maten efteråt.

Det finns idag 8 miljoner värphöns i Sverige är. 12,3 % hålls i inredda burar.

De härstammar från den röda djungelhönan som fortfarande lever vild i djungelområden i Indien och Sydostasien. De tidigaste arkeologiska fynden av domesticerade höns har daterats till cirka 3200 år före Kristus.

Tamhöns introducerades till Europa för cirka 3000 år sedan och till Skandinavien under järnåldern cirka 100 år före Kristus.

Ledarhönan hackar alla andra utan att själv bli hackad, medan hönan som står lägst i rang blir hackad av alla. Ett oregelbundet mönster uppträder bara i mycket stora flockar, som uttryck för instabilitet och förvirring.

I en överskådlig flock känner alla snart sin plats och hackandet avtar snabbt. På huvudets form och utseende och i andra hand på färgen, hållningen och på befjädringen känner en höna igen ett antal individer. Det har visats att 25 känns igen helt säkert och upp till 50 med en viss säkerhet. Hönan har bra syn och hörsel, medan luktsinnet verkar vara utan betydelse. Det är inte lätt att överraska en höna i dagsljus.

Hönans smaksinne är likt människans.
Hönan reagerar kraftigt mot starkt bittra och salta
smakämnen. Känselsinnet har en viss betydelse
Bland annat i den sociala fjäderputsningen.

Ordspråket om att även en blind höna kan hitta ett
korn, betyder ungefär detsamma som att även den
mest bort-komne stackaren ibland kan lyckas.
Möjligen kan det lyckas även för den som har
hönshjärna och i så fall blir denne säkert stolt som
en tupp efteråt.

Att göra en höna av en fjäder är ett idiomatiskt
uttryck som innebär att man redovisar fakta om
en sak som man ursprungligen vet mycket lite
om. Ett passande exempel är tidningsreportage
som kan bygga upp en hel artikel kring en natur-
katastrof som nyligen hänt utan att berätta varför
det hänt eller vilka konsekvenser det får.

H.C. Andersen skrev en gång en historia som är
ursprunget till uttrycket göra en höna av en fjäder.
Historiens slutsats var: "Av en liten fjäder kan bli
tio höns". Historien är från 1852 och i början var
det en höna som förlorade en fjäder medan den
putsade sig, men genom att ryktet om detta upp-
repades igen och igen blev det till slut fem hönor
som i kärlekssorg till tuppen hackade varandra
tills de föll ner döda.

Gåsskötsel är vår äldsta form av fjäderfäskötsel. Redan under bronsåldern ca 500 f kr fanns tamformer som Grågäss. Ett par lokalraser, Skånegås och Ölandsgås, tillvaratogs och fick sin standard på 1920-talet.

Flera andra kända lokalraser som skanörgås, hallandsgås och gotlandsgås dog ut. Ölandsgåsen är en relativt liten lantrasgås.

På 1890-talet insamlade Mårten Olsson grå/vitbrokiga gäss av gammal stam i byarna Hunneberga och Vomb. Några år senare importerades två hanar i förädlingssyfte, en av emdenras och en av tolouseras. Mårten Olsson är således upphovsman till begreppet "Mårten gås".

Begreppet "dum som en gås" strider mot fakta. Gåsar är minsann inte osmarta. De samflyger långa sträckor i flock. Varje fågel flyger naturligtvis med egna vingar, men genom att flyga i V-formation ökar flockens effekt med 71% jämfört med om varje fågel flög ensam. Vindmotståndet minskar mer och mer i varje vinge bakom ledaren som så att säga drar hela plogformen. Så snart en gås faller ut ur formationen återtar den sin plats så fort som möjligt för att kunna dra nytta av lyftkraften från den framförvarande gåsen.

När ledargåsen blir trött flyttar den bakåt i formationen och en annan gås intar tätplatsen. Gässen i formationen skriker bakifrån för att heja på de främsta till att hålla farten. När en gås blir sjuk eller skadad och inte kan följa med, lämnar två andra gäss formationen för att hjälpa och skydda den. De stannar tills gåsen antingen kan flyga igen eller dör. Den lärdom vi kan ta efter de kloka gässen är att människor som arbetar i en gemensam riktning och med en känsla av samhörighet kommer fortare och lättare till målet eftersom de får draghjälp av varandra. Om vi hade lika mycket förnuft som en gås skulle vi ansluta oss till dem som strävar i samma riktning som vi själva önskar.

Det lönar sig att turas om att ta det tunga jobben och att dela upp ledarskapet sinsemellan.
Vi måste se till att våra skrik från de bakre leden är uppmuntrande och inte tvärtom. Om vi har lika mycket förnuft som gässen kommer även vi att bistå och stödja varandra på rätt sätt.

Och visst finns det människor som gör som gässen. Se bara på tävlingscyklisterna. De åker "på rulle" som det kallas i lagtempolopp. Samma taktik kan vi se i skidloppen när den s.k. "klungan" hämtar in utbrytare i Vasa-loppet.
Men i övrigt i samhället råder devisen "vi och dom" i allt ökad utsträckning med nationalistisk anda.

Det tycks som att allt fler anser att var och en får klara sig bäst den kan, vilket speciellt gäller migranter. Särskilt om de får försörjningsbidrag. För asylanter finns större förståelse, men tålamodet tryter i takt med att de tenderar att bli allt fler. Till slut anser allt fler att asylanterna inte får bli fler men att de självklart ska tas emot och få bo någonstans. Bara inte här.

Tänk om gässen resonerat likadant. Då hade de ju inte lyckats att varje år ta sig tur och retur mellan Portugals och Lapplands våtmarker.
Ensam är inte stark.

Samarbete är receptet även för den som oförtjänt kallas "dum gås".

Om vi nu kastar om ämnet från gås till havets bläckfiskar så är det helt sant att dessa mångarmade individer inte är dumma som en gås de heller. Tvärtom har forskning visat att bläckfiskar är bland de intelligentaste djuren i världen. Dessa djur använder sina tentakler för att söka, känna igen och till och med upptäcka olika konsistenser och strukturer. De kommer ihåg de bästa platserna för mat baserat på sin erfarenhet, eftersom de har väldigt gott minne.

Olika vetenskapliga studier visar att bläckfisken har hög neurologisk utveckling och en stor förmåga till inlärning. Den kan även öppna burkar, smälta in och anpassa sig till sin omgivning.

Svin är allätare och använder ofta trynet för att gräva upp föda i marken. I jorden kan svinet hitta tex maskar, sniglar, larver, rotknölar, svampar. De lever oftast i skogar. Svin har sina svettkörtlar på trynet och avger bara lite vätska genom huden. Därför är det viktigt att svin får blöta ner sig. När svin gyttjebadar är det för att kyla av sig. Samtidigt fungerar leran som ett skydd mot insekter.

Vildsvin förekommer eller har förekommit i Europa, Asien och Nordafrika. Många av dess underarter skiljer sig åt främst beträffande storlek och huvudform och antogs därför tidigare höra till olika arter. Vildsvin har domesticerats på många håll och har gett upphov till flera hundra olika raser.

I Sverige fanns inpå 1900-talet rester av det svartfläckiga skogssvinet, som anses ha stått vildsvin nära och vars ungar var randiga som vildsvinsungar vid födseln.

I Sverige har skelettfynd gjorts vid över 4000 år gamla boplatser. Vildsvinen utrotades i Sverige i slutet på 1700-talet, men hölls även därefter i hägn. Rymlingar eller utsläppta djur blev början till en stor vildsvinsstam i Sörmland på 1970-talet.

De har också varit talrika i Skåne i flera år. I dag finns uppskattningsvis 7 000-10 000 frilevande vildsvin. De är mycket anpassningsbara, förökar sig snabbt och enda fienden är människan.

Inom 20 år kommer vildsvinen att vara över 50 000, beräknar viltforskare. Bökande vildsvin liknas vid herrelösa jordfräsar på sädesfält och potatisåkrar.

Skyddsjakt är tillåten året runt på djur som vållar skador i jordbruks- och trädgårdsgrödor.

Grisar är mycket intelligenta. De anses vara smartare än hundar, och de är minst lika lättlärda, lojala och tillgivna. Grisar drömmer när de sover.

Grisar är det enda hovdjuret som bygger bo. Vilobon till nattsömnen, och grisningsbon till ungarna. Grisar kan planera framåt genom att till exempel gömma mat för dominanta artfränder.

De kan leta efter mat som begravts flera meter under marken och äter allt de stöter på. Grisar har minst tjugo olika läten med olika betydelser, från "jag tycker om dig" till "jag är hungrig", eller det hundlika varningsskallet.

Grisar kommunicerar också med ansiktsuttryck och kroppsspråk. Vildsvin kan resa ragg och kommunicera med svansen och öronen, något som knappt är möjligt för de grisar där aveln lett till gles päls, hängande öron och ihoprullad svans. Grisars främsta sinne är luktsinnet. Liksom hundar lever de i en värld av dofter.

I ett försök fick några grisar lära sig skillnaden på en boll, en frisbee och en apportbock, och hämta eller hoppa över var och en av föremålen på kommando. De mindes fortfarande vad sakerna hette tre år efter träningen. Grisar är mycket renliga djur, som alltid håller toalettplatsen långt från mat och sovplatserna om de kan välja.

Grisar svalkar sig genom att bada i vatten eller dy när de är varma, eftersom de inte kan svettas. Grisar är duktiga på att simma.

Grisar har ett rikt socialt liv med livslånga relationer till sina familjemedlemmar.

Svin är som ett reningsverk i naturen samtidigt som de hotar människans grödodling om de blir för många. Matgrisar däremot ger förvisso ungefär motsvarande näring som de utfodras med, men egentligen är de hållbarhetsneutrala djur.

Spargrisar har varit populära gåvor till barn tillsammans med uppmaningen att de ska spara hela eller delar av veckopengen. Moderna spargrisar är ofta försedda med en lucka som kan öppnas när spargrisen ska tömmas, andra spargrisar måste slås sönder för att man ska komma åt pengarna.

Det kan då liknas vid att spargrisen göds och till slut slaktas.

Enligt Ingvar Körberg, som är forskare i historia, blev spargrisen populär först i England på 1700-talet även om äldre spargrisar påträffats. Populariteten lär ha berott på ett rent missförstånd.

I England tillverkades lersparbössor som inte alls var i grisformat men kallades i folkmun för pyggbank.

Vid beställning uppfattade en krukmakare att kunden önskade få lersparbössorna utformade som pig-banks. Han hörde helt enkelt fel på pygg och pig. Men kunden blev så nöjd att han fick fler beställningar på pig-banks och så var succén med spargrisen född.

40.

Köpa grisen i säcken vill man ju inte. I alla fall inte om den fortfarande lever.

De getter som idag hålls inom fritidslantbruket härstammar från vilda djur från Sydostasien och Östeuropa. Getter är släkt med får, och det finns i dag över 300 olika getraser i världen.

Först under bronsåldern blev getter relativt vanliga i Sverige, men antalet minskade till förmån för får när gräsmarksarealen ökade under järnåldern. Fynd från Eketorp på Öland visar en get på elva får före 400 e.Kr. och därefter en get på 22 får. Alla getter hade horn.

Att geten dock var ett viktigt husdjur i Norden i äldre tider framgår bland annat av dikter i Eddan, där den näst häst är det vanligaste djuret.

Get är jämte får ett av människans tidigaste husdjur. Det äldsta fyndet av tamget är mer än 9 000 år gammalt och har gjorts i sydvästra Iran. Troligen var geten domesticerad åtminstone för över 10 000 år sedan i Zagrosbergen i nuvarande Iran och Irak.

Geten är en idisslare med fyra magar; den bearbetar och finfördelar sin mat i flera omgångar i de olika magarna. På detta sätt smälts maten maximalt, och alla näringsämnen tas tillvara.

Vill man hålla getter, bör man sätta upp en inhägnad som är stark och gedigen. Getter är nämligen både intelligenta och livliga, och rymmer snart om inhägnaden inte är ordentligt byggd.

Man kan göra mycket gott med getmjölk. Några av de mest uppskattade ostarna på marknaden görs på getmjölk, och det är inte särskilt svårt att göra getost hemma i köket, om man bara har rätt utrustning och ingredienser.

Getens livslängd är normalt 9-18 år, typiskt för en tamget är 15 år men ända upp till 22 år har förekommit. Getens spridning till isolerade områden där den inte funnits tidigare har ofta resulterat i ödesdigra konsekvenser för den biologiska mångfalden i området.

Ett känt exempel är introduktionen av getter till ön Sankta Helena i Atlanten. Sankta Helena var en strategiskt viktig handelsplats under den tidigare delen av de stora upptäcktsresornas tid, och under denna period koloniserades ön.

Geten infördes till Sankta Helena 1513, och var snart halvt förvildade och frivandrande över hela ön. Detta medförde att geten blev en tillförlitlig köttresurs för invånarna på ön, samt för återkommande sjöfarare.

Först 300 år senare gjordes de första botaniska undersökningarna på Sankta Helena. Vid denna tidpunkt hade floran på ön ändrats radikalt av närvaron av en för öns arter okänd herbivor. 46 arter som var endemiska för Sankta Helena noterades vid denna tidpunkt. Idag är 7 av dessa utdöda.

Vi kommer aldrig att få reda på hur många växtarter som fanns på ön innan getens ankomst. Geten har haft liknande effekter på andra områden där den introducerats i en miljö där den inte funnits tidigare. Getens effekt på växter som inte är anpassade till dess närvaro är så stark att den nämnts som en mycket god kandidat till andraplatsen efter människan som orsak till förlust av biologisk mångfald så den bör man hålla i schack.

Gutefår, en ursprunglig och gammal ras, är vanligt på Gotland. Dalafår och finullfår är andra exempel på svenska lantraser. De är idisslare och tuggar sin föda flera gånger, för att mer effektivt bryta ner cellulosan kring protein-cellerna i växterna som de äter. De betar allt ifrån gräsarter till sly som sälg och blad och bark från olika trädarter. På många gårdar har man får för att hålla landskapet öppet. Där går de helt fridfullt och anspråkslöst omkring och håller rent.

Försiktighet är visdomens moder.
I Nederländerna har man hittat på många ordspråk. Ett annat känt är: From som ett lamm.

I Sverige finns cirka 260 000 renar. De är arktiska hjortdjur och härstammar från vildren, som utrotades i Sverige i slutet av 1800-talet.

Renen är anpassad till långa kalla vintrar. Varje del på renen är hårbeklädd, till och med mulen! De har en mycket god förmåga att klara kyla men plågas av sommarvärme eftersom de saknar svettkörtlar. Födan är på sommaren mestadels gräs och blad, och på vintern renlav. Renen är en idisslare som har förmåga att smälta lav för att klara sig under de delar av året när grönbete saknas.

Renen har ett mycket bra luktsinne och kan känna lukten av renlavar under ett snötäcke på 70 cm djup och mer om snön är porös. De naturliga fienderna är rovdjuren varg, järv, lodjur och björn, men även rovfåglar kan ta renkalvar. Även snöskred och laviner är risker för renar. I Sverige är det bara samer som är medlemmar i sameby som har rätt att bedriva renskötsel.

Renen är en utpräglad överlevare i arktiskt klimat. Den lever spartanskt och gör mycket lite påverkan på naturens hållbarhet, vilket betyder att det ryms många fler renar på jorden.

Insekter gör inte så mycket väsen av sig. Men de är många. Hur många vet ingen med säkerhet, men det uppskattas att insekterna står för två tredjedelar av allt liv på jorden. I Sverige uppskattas att det finns 33 tusen olika insektsarter.
Det insekterna gör är att de utgör mat till andra djur samt pollinerar och bryter ned dött material. Om ingen utförde deras arbete skulle människan och andra djur inte överleva.

Människan är inte speciellt snäll mot insekterna. Under de senaste 25 åren har man i Tyskland, enligt en studie av Dave Goulson, lyckats med bedriften att ta kål på 75 procent av dem inom skyddade områden. Häpnadsväckande bedrift. Hur det då står till i de icke skyddade områdena kan man ju undra. Jordbruket anges som orsak till desarmeringen. Ett jordbruk där merparten av grödorna går till matdjuren som vi sedan äter upp.

Nettoförlusten ska framhållas också för näringen från matdjuren motsvarar inte på långt när grödornas näring. Uppe på allt så frossar vi i mat så pass att mycket får kastas vilket i och för sig blir till mat för insekterna. Förutsatt att det finns tillräckligt med insekter kvar, annars är det ingen som städar efter oss och då uppstår bakteriehärdar. Då kan man ställa sig frågan: Vilka är mest anspråkslösa, vi eller insekterna?

Bortskämd.

Prinsessan på ärten är en saga om en prinsessa så känslig att hon kunde känna minst ärta under alla sina madrasser. Förmodligen har sagan sin grund i adelns ideal under 1600-1800 talet. Under en epok där det känsliga, sofistikerade och högdragna var idealet. Kvinnor skulle svimma och män fnittrande pudra sina näsor.

De välbärgade distanserade sig från pöbeln genom att tala och vara "finare".

Underförstått är då människor som tillhör pöbeln påverkade och härdade av sina svåra livsbetingelser. De är mindre fina. Sedan kom nya tider och nya ideal. Krigare, statsmän, guldgrävare, industrialister, äventyrare, forskare och ingenjörer blev de nya hjältarna.

Det som något århundrade innan varit fint hade blivit exempel på kungahusen och adelns oduglighet och förfall. Riktiga män pudrade inte längre näsan, de försökte bygga flygmaskiner eller åkte till Afrika eller Nordpolen. Det kanske fanns en och annan svimmande kvinna kvar men nationalstaten som växte sig stark i norra Europa krävde andra kvinnoideal.

Så med industrialismens intåg och krigen som följde kom andra ideal och fjolligheter och egenheter som kunde kopplas till att man var bortskämd blev något negativt. Ett skällsord är att säga att någon betett sig "som ett bortskämt barn".

Vi har fått en återgång till adelns syn på att en distansering från det fula i samhället är något positivt. Ett bortskämt barn har fått så mycket både i form av möjligheter, prylar och kärlek.

En bortskämd vuxen är en privilegierad människa och den bortskämda pensionären som inte anser att det avbetalade hemmet ska ingå som en del i betalningsförmågan för sin egen vård vill skydda pengarna för sina efterkommande så de kan skämmas bort eller kanske bara slippa flytta.

Problemet med bortskämdheten är att den har ett pris! Med lite tur så har du en mamma och en pappa som betalar, åtminstone under en period. Eller så försöker du göra din syn på rimlig nivå till samhällets problem. Ett kollektivt problem är ju mindre betungade. Men sanningen är att ju mer bortskämd du är, ju färre frihetsgrader har du.

Ju mer kraft du lägger på att skämma bort dina barn ju mindre lär du dom om livet och ju större ansvar du tar för att de ska skyddas från en det ena en det andra ju större blir din börda. Eller så får vår natur ta smällen i form av utsläpp och skövling. Allt för vår bekvämlighet och rätt att bli bortskämda. Man kan tycka att det borde vara en rättighet att slippa bli bortskämd!

Alla har en rätt att exponeras mot livets goda och onda sidor. Alla borde få lära sig att leva nöjda som uteliggare. Inte för att alla måste leva så utan för att vi behöver kunskapen och friheten som följer med det.

Att bli förälder ska ju vara en glädje inte en entré in i ett liv med 30 års prestationsångest. Till ingen nytta. Att bli pensionär ska ju vara en möjlighet inte en start på 20-års kontrollångest där inget får förändras. Det finns ju de som tjänar på att vi ska skämma bort oss själva och andra. Samhället är i mycket uppbyggt på att vi ständigt ska sträva efter mer för att få bekräftelse. Leksaksaffärerna säljer på att vi skämmer bort våra barn, bankerna tjänar på att vi överkonsumerar, pensionssystemet är uppbyggt på ekonomisk tillväxt som vi idag uppfostras med att vi får genom att konsumera och bli fler.

50.

Det är en slags hjärntvätt av samhället att det skall vara så för att fungera. Förr var det fult att tala om att man hade det bra och tjänade mycket pengar. Idag är det mer accepterat att berätta om hur bra man har det, saker man upplevt som kostar mycket pengar etc. Man kan ju ställa sig frågan varför det blivit så?

Det finns en hel industri som lever på att vi skämmer bort våra barn och oss själva. Det är en bidragande orsak helt klart.

Bortskämd är ju perfektparticip av "skämma bort", som innebär att man är dåligt uppfostrad på grund av för mycket finansiell hjälp eller motsvarande. Alla har nog sin egen definition. För de flesta är bortskämd någon som är dåligt uppfostrad generellt, har inget med ekonomiska förutsättningar att göra.

Någon som har en bra uppfostran och samtidigt får bra ekonomiska förutsättningar är ju bättre än någon bortcurlad person kombinerat med dåliga ekonomiska förutsättningar. Eller någon som inte har vett nog att förstå hur bra man har det och känner tacksamhet inför det genom bland annat hur man beter sig mot andra.

För de flesta är bortskämdhet ett meningslöst måste som bottnar i en utebliven förmåga att se och göra prioriteringar. Man är inte bortskämd om man behöver äta men om man bara äter vissa rätter av vissa skäl som inte har någon reell grund så är man bortskämd.

Men vissa tolkar numer order bortskämd som något positivt. Frågan är om inte bortskämd är en del i själva begreppet ouppfostrad. Men det är svåröversättligt på pensionärer. Där är bortskämd ungefär samma sak som ovilja att beakta livets realiteter. Så bortskämd är nog ett attribut som enbart hör ungdomen till.

Bortskämda barn är de som fortfarande får sin vilja igenom även om föräldrarna har sagt nej eller blir överösta med godis, leksaker och andra ting som faller utanför ramarna för vad som är normalt för barn i samma ålder.

Stein Erik Ulvund är professor i pedagogik vid Universitetet i Oslo och har skrivit flera böcker om barnuppfostran.

Författaren av boken Rakkerunger og englebarn menar att föräldrar vid många tillfällen får oförtjänad kritik.

Många använder ordet "bortskämd" på ett oprecist sätt. Ett barn som skriker i butiken för att det inte får godis, är inte nödvändigtvis bortskämt.

Tvärtemot är det ju ett tecken på att föräldrarna har mod och ork till att sätta gränser, säger han. Kom ihåg att barn är olika och att inte alla barn reagerar likadant på gränser.

Professor Stein Erik Ulvund drar ett exempel: Några barn är egoistiska och tänker mest på sig själva, vilket leder till att de kan bli avundsjuka på andra barn och föräldrar. Man bör skilja mellan de som är bortskämda och de som inte riktigt har koll på hur man bör bete sig.
Det handlar om att barnet bättre behöver förstå vad som är ett accepterat beteende och det betyder inte nödvändigtvis att barnet är bortskämt, säger han.

För Ulvund handlar det snarare om de tillfällen där föräldrarna ger upp och upprepade gånger går med på barnens krav.

Ett barn som fortfarande får välja mat och får serverat sin favoritmat utan att ens behöva smaka på det de andra äter är också bortskämt i matväg, säger han.

Är det så att skandinaviska barn är mer
bortskämda än barn i resten av världen?

Barnuppfostran varierar från kultur till kultur,
men om du ser till kravens storlek utifrån det
materiella är det mycket som visar att norska barn
kan vara bland de mest bortskämda i världen.
Jultomten i Drøbak får årligen in mer än 250 000
brev från barn i till exempel Japan, Mellanöstern,
Indien, Italien, Frankrike, England och så klart
Skandinavien. Sett på utifrån vad de önskar sig
tenderar skandinaviska barns önskelistor att
övergå önskelistor från andra länder. Men som
sjuksyster och trebarnsmamman Tone påpekar:
Skuldkänslor kan motverka avsikten. Det är
viktigt att ta hand om sig själv för att kunna tänka
på barnets bästa.

Det håller professor Stein Erik Ulvund med om.
Han framhåller att föräldrar vid allt för många
tillfällen får ta skulden för barnets beteende och
har blivit trött på experter som drar alla barn över
en kam.

Det finns inget facit gällande barnuppfostran.
Livet är tyvärr orättvist även när det kommer till
utmaningar i uppfostran, Barn föds med en viss
personlighet, på gott och ont, säger han.

Några barn är mer irriterade, stressade och aggressiva, medan andra barn är lugna, samarbetsvilliga och tålmodiga. Det handlar inte om att ge barnet skulden, men att vara medveten om vad som försiggår. Det gäller att stoppa den onda cirkeln innan det går för långt. Du kan minska risken att få ett bortskämt barn genom att försöka bli kvitt skuldkänslorna och ta det lite lugnare. Att sätta gränser kräver energi. Då fungerar det inte att gå omkring med ett konstant dåligt samvete för att du inte räcker till, säger han.

För Ulvund kan det till exempel handla om att undvika konkurrens med andra föräldrar. Alla fritidsaktiviteter är ett bra exempel där föräldrar ofta känner att barnet "måste" vara med. Det tar mycket ork och energi, vilket lätt kan leda till att du blir mer auktoritär än vad du egentligen vill. Den auktoritära föräldrastilen är lätt att ta till, men den är gammalmodig och kan lätt bli kränkande säger han. Facit på vad som är bra barnuppfostran är att det inte finns något konkret facit för alla barn. Låt dig inte styras av experterna. Du är den bästa experten på ditt eget barn.

"Varför skämmer människan bort sitt djur när djuret inte skämmer bort sin människa".
Den begrundelsen yttryckte den kinesiske filosofen Konfucius 1540.

Det nödvändiga.

I behovets diarium finns utan tvekan de absoluta livsnödvändigheterna såsom livsmedel, bostäder, sjukvård och nödvändiga transporter, vilka samtliga komponenter knappast kan hänföras till extravagansens flärd.

I bottens lista ligger en mer tveksam kategori av livets opåkallade tarv. Där är det fullt tänkbart att koda in allsköns samling av "kul att ha" prylar såsom studsmattor, EPA-traktorer, gas och kolgrillar, motorcyklar, vattenscootrar med mera av mera.

I mellanrummet skikt av tveksamma konsumtionsvaror som hamstras i övervolym hamnar då tveklöst föremål som förbrukningsartiklar, kläder och skor, vilka absolut kan vara av nöden kräva, men bara i rimligt fylld garderob.

Om man bara leker med tanken att behålla allt det nödvändiga och även delar av det tveksamma men avskaffa allt det onödiga. Om man tar bort de saker som saknar substantiell samhällsnytta. Undrar hur det blir då. Några konsekvenser måste det ju bli.

Beräkningar har gjorts. Även om dessa landar i ett stort spann så visar de att världsekonomin närapå kommer att halveras. Vilket inte kan betraktas som att hela världen går under.

Den ekonomi vi lever i, och som bekant går ut på att vi konsumenter ska köpa mer och förbruka allt mer av allt möjligt krafs i en orubblig globalt stigande spiral, då skulle kunna bli till en för naturen hållbar krets.

Fullt möjligt att det blir så säger jordsystemets professorer. Om bara tillräckligt många såg "lite nyktert" på tillvaron vill säga. Men så ser det inte ut idag när halva befolkningen lever efter mottot att "mycket vill ha mer", medan resten knappt har mer än till livets nödtorft.

En icke önskvärd konsekvens av halverad expansions-ekonomi är att antalet arbetstillfällen minskar. Kanske även den kan komma att halveras. För vår lön köper vi allt det som hör livs-nödvändigheten till. Folk svälter i så fall ihjäl om nuvarande ekonomi bibehålls.

Expansionsekonomin måste följas av inrättande av fördelningsekonomi. Vilket är lösningen enligt miljöorganisationerna.

Denna gröna ekonomi som gör att vi inriktar oss helt på att tillverka det för oss nödvändiga i en för naturen hållbar process.

Livets nödtorft måste så klart fördelas rättvist så det kommer alla till gagn. Vinsten blir att naturen på sikt kommer i balans. Vi slipper eskalerande naturfenomen som torka, skyfall, översvämningar och extrema oväder.

Ökningen av havsnivån stannar upp och växtligheten ökar. Vi människor behöver inte arbeta så mycket som förr med att tillverka onödiga prylar. Fördelar vi de nödvändiga bördorna rättvist så blir det mer fritid över för alla att göra det många nu inte hinner med.

Som att umgås, resa och kunna få utlopp för de intressen var och en har men inte kunnat idka därför att dessa inte ger inkomst i form av pengar.

I flera år har virusforskare flaggat för riskerna för en global pandemi, utan att få något gehör hos varken allmänhet eller beslutsfattare.
På samma sätt viftar, larmar och varnar vattenforskare runtom i världen just nu för den globala vattenbristen, som innebär en minst lika stor kris för mänskligheten.

Vi människor är inte särskilt bra på exponentiella förändringar. Alltför många ser inte längre än näsan pekar, vilket styr politiken. För att se mer än bara det i nutid akuta så att en oponion skapas mot faror i framtiden skulle människan behöva en näsa längre än den Pinocio ståtar med.

Vattenfrågan ändras långsamt, sedan plötsligt passerar man en tipping point och vattnet tar slut, då blir det katastrof.

I Sverige är vattenfrågan ganska utspridd på en mängd olika myndigheter och departement. Vattentäkter är ofta helt oreglerade och vi saknar en genomtänkt prissättning på vatten. Det finns inget samlat grepp om frågan.

Det är dock få politiker som vill lägga pengar på saker som inte syns och går att plocka politiska poäng på. Samma tänk präglar politiska diskussioner kring investeringar i vatteninfrastruktur, som ofta kostar enorma summor.

Om någon kommun plötsligt skulle säga att nu får man bara vatten mellan klockan tre och sex, som man gör i Katmandu, skulle det såklart få dramatiska konsekvenser. I Sverige använder vi i snitt 3 000 liter per person och dygn. Alla anspråkar på att vatten ska vara en självklarhet.

Det viktigaste med lyckan är inte rikedom och
njutning, utan aktivitet, det fria utvecklandet av
förmågor, samt vänskap med goda människor,
skrev Aristoteles 384 f.Kr.

Köttberget.

Kärt barn har många namn.
Jätteproppen, köttberget, rekordgenerationen.
Det handlar så klart om 40-talisterna.

För några år sedan skrevs det mycket i tidningarna om deras förestående pension. Nu när de flesta är pensionärer har det blivit tystare, enligt Håkan Jönson, äldre forskare och professor i socialt arbete.

Ändå sedan 80-talet har man spekulerat i hur pensionen ska bli för just 40-talisterna.
"Annat blir det när 40-talisterna blir pensionärer" har blivit ett mantra, menar Håkan Jönson som tillsammans med kollegan Anders Jönsson gått igenom artiklar om 40-talisterna i svensk press från 1995 och framåt. I motsats till tidigare äldre generationer som enligt gängse uppfattning är tysta och tacksamt tar emot vad som ges, uppfattas 40-talisterna som mäktiga, krävande och ifrågasättande.

De är, enligt Håkan Jönson, den generation som tydligast beskrivs som en enhet med specifika karaktärsdrag. Personer födda på 20 eller 30-talet klumpas sällan ihop på samma sätt.

De som inte själva tillhör gruppen beskriver den ofta som bortskämd, självcentrerad och gynnad genom hela livet. Själva lyfter de däremot gärna fram klassresor och ett långt och plikttroget arbetsliv. Generationen beskrivs också ofta som handlingskraftig och kompetent.

Så här skriver Amelia Adamo i tidningen M-Magasin:
"Vår generation uppfann tonåren för att kunna få roligt, dagis för att kunna jobba, radhus för att fler skulle få tillgång till jorden, chartern för att få resa billigt, förvandlade spa till en folkrörelse och uppfann botox för att se yngre ut".

På senare år har dock antalet artiklar om 40-talister minskat i pressen. Som mest skrevs det år 2005 när de äldsta i generationen började gå i pension, säger Håkan Jönson. Därefter har intresset för dem svalnat. Man kan se det som ett slags marginalisering: De som inte arbetar och betalar skatt är inte lika intressanta längre. Man kan också, enligt Håkan Jönson, ana en något ändrad attityd till generationen; från maktelit till några man klappar på huvudet med de lite överseende vänliga orden; "Ja ja, ni 40-talister...

Än så länge har dock inte generationen nått äldreboendena eftersom väldigt få under 80 år finns inom äldreomsorgen.

Men Håkan Jönson tror inte att deras intåg kommer att innebära några omvälvande förändringar.

Visserligen kan man tydligt se i framför allt pensionärsorganisationernas och turistnäringens kampanjer att den riktar sig till ungdomliga och moderna pensionärer med höga krav på ett gott liv, men äldreomsorgen är något annat. Det finns ett slags förnekelse i att tro att äldreomsorgen kommer att se annorlunda ut för 40-taliserna, säger han. Man måste ha i åtanke att 60 procent av de som bor på äldreboenden har någon form av demens och då är det kanske inte rimligt att tro att de kommer att bete sig helt annorlunda än vad dagens omsorgstagare gör.

Men vissa förändringar kan man redan nu ana. Det som var 40-talisternas ungdomskultur kommer säkert att märkas; Beatles och rockmusik på hemmen men även missbrukande 80-åringar och mer av äldrevård på fängelser. Det finns ett slags förnekelse i att tro att äldreomsorgen kommer att se annorlunda ut för 40-taliserna, säger han.

Man måste ha i åtanke att 60 procent av de som bor på äldreboenden har någon form av demens och då är det kanske inte rimligt att tro att de kommer att bete sig helt annorlunda än vad dagens omsorgstagare gör.

Droganvändningen tog fart med 68-generationen och de som fastnat i missbruk kommer snart att finnas inom äldreomsorgen, säger Håkan Jönson. Han varnar för att förväntningarna på 40-talisternas höga krav kan få motsatt effekt.
Det hade inte varit politiskt acceptabelt att tala om dagens omsorgstagare som bortskämda och pretentiösa gamlingar som ställer alldeles för höga krav. Men 40-talisterna är det accepterat att klumpa ihop och tala illa om.

I USA har man redan börjat protestera mot att 40-talistgenerationen ställer för höga krav på deras välfärd. "Greedy geezers" (snåla gubbar) har blivit ett begrepp och man karikerar dem som gamlingar som slåss med golfklubbor. I USA protesteras det, enligt Håkan Jönson, alltid vilt när man befarar att något kommer att öka de statliga utgifterna. Men även i Sverige kan det vara känsligt när det uppfattas som att pensionärer slåss mot barn och barnbarn om de gemensamma resurserna.

Dummare än dum.

Utan tvekan kan vi människor utnämna oss själva till planetens dummaste ras.

Ta bara köttindustrin. Boskapsuppfödning inklusive betesmark och djurfoderodling, tar i dag upp 30 procent av jordens isfria landyta och upp till 70 procent av all odlingsbar mark. Nära på två tredjedelar av all gröda som odlas i världen blir till djurfoder. Samtidigt som det varje dag dör 24 000 människor på jorden på grund av hunger och undernäring.

Hur dumma kan vi bli. Vem som helst kan räkna ut att vi skulle minska svälten om vi minskade på köttätandet och åt mer grödor i stället. Det förutsätter ju även att vi i de rika länderna delar med oss förstås. Och det är väl där som "skon klämmer" kan man tänka. Eftersom även den rika världen behöver bli anspråkslös, vilket alltför många där tror att det är samma sak som domedagen. Men hur kan vi ens påstå oss ha rätten till att plåga djur genom att låta dem leva instängda i burar, göda dem feta för att sedan döda dem och äta upp dem? Om vi människor vore födda till köttätare hade vi troligtvis, som alla andra köttätare, haft tänder som är vassare och spetsigare.

66.

Men vi är ju faktiskt utrustade med ganska platta och rundade gaddar, likt tänderna hos kor, apor och hästar. Prova bara att ge en hungrig bebis en levande kanin och ett äpple. Sannolikheten att denne skulle börja tugga på kaninen i stället för äpplet är väl knappast troligt?

Inte heller är det naturligt med en sådan massproduktion av matdjur vi bedriver. Det är både sämre för miljön och för de djur som lever i frihet.

Och vem äger vattnet kan man undra. När vi vrider på kranen ska det bara rinna. I Sverige har vi länge varit bortskämda med ett av världens bästa kranvatten. I Sverige tar vi vattnet för givet. ”Det finns vatten i kranen”, som min pappa brukade säga när jag som liten bad om något festligare att släcka törsten med. Det sitter i varje svensks ryggmärg. I Norden, Tyskland, Holland och några länder till gäller samma sak, medan till exempel de flesta amerikaner köper vatten på flaska. Kranvattnet i USA är visserligen drickbart, men smakar bedrövligt. Och sen har vi resten av världen. Över en miljard människor saknar fortfarande rent dricksvatten och 4 000 barn under fem års ålder dör varje dag på grund av det.

För att påskynda utvecklingen röstade FN fram en resolution om vatten och sanitet som en mänsklig rättighet för två år sedan.

I Sydafrika står vattenfrågan högt på den politiska agendan. Forskningen mår därefter. Bredden är stor, mycket större än i Europa, och spetsforskningen ligger inom vissa områden i framkant. Till skillnad från i Sverige kan forskarna söka öronmärkta statliga medel via Water Research Commission. Och det är klart att forskningen behövs, framför allt för att Sydafrika på många håll är ett fattigt land.

Tio liter rent vatten per person och dygn är vad som krävs. En kran i varje by. Ungefär som av man gjorde i Göteborg för tvåhundra år sedan, då första trärörsledningen från Kallebäcks källa drogs in till Kungsportsplatsen och senare till Domkyrkan där alla kunde hämta rent vatten. Kranen finns fortfarande kvar, men ingen hämtar längre vatten därifrån.

Istället hämtar vi runt 200 liter vatten per person och dygn direkt ur hundratusentals kranar. Det kostar en tia kubiken. Berätta det för människorna i de byar i den indiska delstaten Kerala som upplevde det som att de blev bestulna på sitt vatten.

Inte för att någon annan behövde det för sin över-
levnad, utan för att The Coca Cola Company
skulle göra läsk. Företaget köpte mark och bor-
rade, med myndigheternas och lagens stöd, så
djupa brunnar att grundvattennivån sjönk och
dränerade flera byar på vatten.

Varje liter läsk kräver tre liter vatten. Det rör sig
om avarten av privata intressen, där man inte tar
något som helst ansvar. Man roffar åt sig av det
mest oumbärliga som finns, rent vatten, och skor
sig på bekostnad av fattiga svaga människor.

Privatisering inte alltid problem. Det finns förstås
risker med det, men det kan också vara räddnin-
gen. I länder där det är erbarmligt dåligt, där barn
dör, är det klart att det är en fördel att det kommer
in hög kompetens som ser till att alla får rent vat-
ten. Men det måste såklart noggrant regleras.
Vatten får aldrig vara en fri marknad, utan med-
borgarens behov måste stå i första rummet.

Se bara hur samhället ser ut i dag: Vi är stressade
som aldrig förr, folk i tonåren går in i väggen, vi
blir allt fetare i de rika länderna. Och det kanske
värsta av allt: Folk tar livet av sig. Den absolut
viktigaste grundinstinkten hos alla djur är att
överleva.

Något har gått riktigt snett när vi till och med har tappat vår överlevnadsinstinkt och låter materiella ting, som till exempel pengar, avgöra vår livslängd.

Ända fram till 1900-talet ansågs livet i naturen vara i balans och därmed hållbar. Först år 1992 hamnade hållbarheten på agendan då FN fått tillräcklig vetenskap om att balansen i naturen inte stod rätt till.

Ett beslut togs inom FN om en handlingsplan kallad Agenda 21 som byggde på principen om hållbar utveckling, där syftet var att arbeta tillsammans för att motverka natur och miljöförstöring, fattigdom och bristande demokrati.

Sedan 2003 finns begreppet med i Sveriges grundlag om att det allmänna ska främja en hållbar utveckling som leder till en god miljö för nuvarande och kommande generationer.

Social hållbarhet, som handlar om att sträva mot ett samhälle där grundläggande mänskliga rättigheter uppfylls.

Miljömässig eller ekologisk hållbarhet, som handlar om att hushålla med naturresurser för människor och andra organismer, utan att skada naturliga systems möjligheter att förse samhällen och människor med naturresurser och ekosystemtjänster på lång sikt.

Ekonomisk hållbarhet, som handlar om att motverka fattigdom, och att alla ska ha råd att tillgodose sina grundläggande behov i relation till jordklotets ändliga resurser, det vill säga en ekonomisk utveckling som inte medför negativa konsekvenser för den ekologiska eller sociala hållbarheten.

Alla ledamöter i Sveriges riksdag måste således verka för att skapa reformer som leder till målen i Agenda.

I annat fall så är det alltså inte förenligt med Sveriges grundlag. Detta innebär inte att det är olagligt för någon enskild medborgare eller företag att slösa med naturresurser.

Det innebär heller inte att det är olagligt att inte vara anspråkslös. Det innebär däremot att ingen ska behöva vara fattig.

Det innebär även att alla ska ges möjlighet att få sina grundläggande behov tillgodosedda, förutsett att dessa behov är hållbara. Vilka dessa behov är i detalj framgår inte i grundlagsförfattningen.

Men om det nu är så att jordklotets resurser inte räcker till för alla grundläggande behov så kan man faktiskt med stöd av grundlagen hävda att det är olagligt att inte vara anspråkslös. Åtminstone måste då varje medborgare och företag vara så pass anspråkslös att man är i fas med den hållbarhet som grundlagen förespråkar.

Önskemål och behov ställs alltså på sin spets mot tillgång i fas med hållbarhet.

Med andra ord måste alla enligt grundlagen rätta mun efter matsäcken. Lämpligen genom att vara tillräckligt anspråkslös.

Dygd kommer inte ur rikedom.
Alla goda ting människan har kommer ur dygden,
skrev filosofen Sokrates 429 f.Kr.

Klok som en kråka.

Jag tror tyvärr att många av er som läser den här boken kommer att ha häftiga synpunkter på den. Kanske hävdar ni precis som många andra att det jag skriver bara är nonsens, att vi människor inte alls kan jämföras med andra djur och deras förutsättningar, att vi är en unik organism och därmed en som ras som kommit mycket längre än andra djur i vår utveckling. Det är nog snarare så att vi är planetens mest korkade ras. För hur kan vi höja oss själva till skyarna när vår målsättning är att öka välfärden genom att äta upp resurskakan på bara några hundra år. Så länge vi är ensamma om att bita den hand som föder oss, som vi ju faktiskt gör mot planeten vi bor på, kan man väl inte påstå annat än att vi har mycket kvar att lära av våra genier till djur.

"Klok som en uggla" kan man säga om någon som är ovanligt förståndig. Egentligen borde man säga "klok som en kråka". Kråkfåglar är nämligen mycket smartare än ugglor. Fågelforskare har kommit fram till att kråkor faktiskt kan räkna. När en människa döljer sig i ett gömsle, så förstår kråkan att det är någon där och kommer inte nära. Inte ens om den blir lockad med mat.

74.

När kråkan ser att personen lämnar sitt gömsle vågar den sig fram för att äta.

Om två personer gömmer sig och bara en kommer ut så förstår kråkan att en person är kvar. Och då håller sig kråkan undan. Smart. Många kråkfåglar, både korpar och kråkor, kan dessutom använda sig av pinnar när de är på jakt efter föda.

Skator känner igen sig själva i en spegel, enligt forskare i Tyskland. Samtliga djur som tidigare klarat det så kallade spegeltestet är erkänt klipska: schimpanser, bonoboer, orangutanger, delfiner och en elefant.

Skatan är speciell i sammanhanget på grund av att den inte är något däggdjur och dessutom saknar storhjärnbark.

I ett test fick skatorna en prick på halsen som de bara kunde se med hjälp av en spegel. Några av skatorna började krafsa på pricken, vilket betyder att de begrep att bilden i spegeln föreställde dem själva, inte någon annan fågel.

Att kråkfåglar är klipska har varit känt ända sedan antiken. En av den gamle greken Aisopos fabler handlar om en törstig kråka som upptäcker en skvätt vatten på bottnen av en tillbringare, utom räckhåll.

Kråkan får en idé: den släpper ner sten efter sten i tillbringaren. Till slut har vattenytan stigit så mycket att fågeln kan dricka.

Att se en enstaka svala komma på senvåren räcker inte för att kunna dra slutsatsen att sommaren kommit. För en svala gör ingen sommar. Detta ordspråk vill således lära oss att inte lägga för stor vikt vid en enstaka händelse. Det är inte säkert att ett händelseförlopp fortsätter utveckla sig i samma riktning, att en lyckosam företeelse upprepar sig, eller att turen fortsätter. Inte heller är det säkert att ett enstaka gott tecken garanterar en god helhet. Ordspråket vill också göra oss lite mindre högmodiga, så att vi förstår att en enda framgång inte innebär att vi kan lösa alla kommande problem. Ordspråket om svalan kan härledas till en fabel av greken Aisopos (500-talet) om en ung man som fick ärva en förmögenhet. Dessvärre var han så slösaktig att han tillslut bara hade sina vinterkläder kvar.

En dag fick han se en svala, varpå han drog slut-
satsen att vintern var över och sålde de varma
kläderna.

Påföljande dag slog vädret om, så att svalan låg
halvt förfrusen på marken. Den unge mannen
ägde då ingenting och önskade att han aldrig hade
sett svalan.

"Ur korpägg kommer inga duvor", är ett isländskt
ordspråk som det är svårt att argumentera emot då
det strider mot naturlagarna.

Glad som en lärka är antagligen en ornitolog som
nyss skådat sin första muntergök.

Brittiska forskare har nyligen gjort ett experiment baserat på den mer än två tusen år gamla fabeln. Det videofilmade resultatet är slående. En forskare ställer in en smal vätskefylld bägare monterad på en plastbricka i en fågelbur. Råkan Connelly trippar fram och undersöker bägaren. På vattenytan långt nere i röret flyter en aptitlig larv på en liten korkbit. Godbiten är utom räckhåll för råkan.

I nästa ögonblick sträcker en forskare in handen och lägger en näve av småsten i buren. Connelly tar en sten i näbben och låter den plumsa ner i bägaren. Masken är fortfarande för långt ner. Han släpper i en till. Efter sammanlagt sju stenar når han äntligen korkbiten med näbben. Han tar upp den, slukar masken och promenerar i väg.

Tidigare har orangutanger klarat ett liknande test: en jordnöt flyter på en skvätt vatten i en hög och smal bägare som inte går att välta. Hur ska apan få fatt i nöten?

Forskare i Tyskland testade fem orangutanger. Samtliga kom på lösningen utan hjälp. De hämtade vatten med munnen från dricksvattenfontänen i sin bur och spottade i glaset.

78.

Efter att ha upprepat proceduren några gånger kunde de nå nöten, vilket enligt forskarna var ett exempel på "insiktsfull" problemlösning.

Det är förstås omöjligt att veta om en orangutang eller en råka kan vara insiktsfull på samma sätt som en människa. Begreppet är minst sagt luddigt även när det gäller vår egen art. Helt klart är dock att kråkfåglar och primater har en del gemensamt när det gäller att lösa kluriga problem.

I mitten av 1990-talet började Nicola Clayton studera hur den nordamerikanska snårskrikan, en skränig fågel med blå och grå fjädrar, gömmer mat på olika håll för framtida bruk.

I naturen lagrar snårskrikan dels färskvaror som larver och frukt, dels nötter och frön som håller sig längre. Fåglarna har ett utmärkt minne för var de har gömt maten, vilken typ av mat det var, och om den har passerat sitt bästföredatum.

Kråkfåglarnas vana att gömma mat har varit viktig för forskningen om hur de tänker. De flesta arter bygger upp lager i tider av överflöd. Den grå nötkråkan i Nordamerika gömmer upp till 30 000 pinjenötter på olika platser inför vintern, och minns var de flesta ligger uppåt nio månader senare.

Men matgömmorna har sina risker. Godbitarna kan bli stulna. Därför har kråkfåglar utvecklat en rad strategier som hjälper dem att skydda sina gömmor. De undviker i det längsta att gömma mat när andra ser på.

En ny studie visar att snårskrikor till och med undviker att höras. I närvaro av en annan fågel som hör men inte ser vad som pågår gömmer de hellre sin mat i jord än bland rasslande småstenar. Om det är omöjligt att gömma i hemlighet brukar fåglarna komma tillbaka senare och flytta sin mat.

Men det finns ett intressant undantag från den regeln. Snårskrikor som aldrig har stulit mat från någon annan vidtar inga sådana säkerhetsåtgärder. Bara de som själva har stulit flyttar sina gömmor. Genom sig själv känner man andra, som ordspråket säger.

Det finns också forskning som visar att kråkfåglar, i det här fallet korpar, kan hålla reda på vad andra individer i omgivningen vet och inte vet. Thomas Bugnyar, kognitiv biolog vid Universitetet i Wien, och hans kollega Bernd Heinrich vid University of Vermont i USA lät en korp gömma mat i närvaro av två andra korpar.

Den ena korpen kunde se alla gömställen. Den andra var skymd bakom en ogenomskinlig skärm.

Senare fick "Gömmaren" komma tillbaka och leta upp sina förråd, antingen ensam eller i sällskap med någon av de två andra korparna.

Korpar brukar tömma sina förråd när risken för stöld är överhängande. Mycket riktigt hämtade "Gömmaren" mer ur förråden i sällskap med korpen som hade sett gömställena än när den var ensam eller tillsammans med den som inte visste var maten var gömd. Och den gick till angrepp när korpen som sett kom inom två meter från en gömma, medan den struntade i korpen som inte hade sett. Det visar att korpar kan skilja mellan sitt eget perspektiv och andras. Alla sociala djur rör sig i en komplicerad värld av samarbete och intriger, vilket är mentalt krävande.

Den brittiska psykologen Nicholas Humphrey lanserade år 1976 en teori om att primaternas höga intelligens har uppstått som en anpassning till grupplivets utmaningar.

Denna sociala intelligens är enligt hans teori grunden för människors och primaters mer generella förmåga att också tänka om livlösa föremål och abstrakta begrepp. Detsamma skulle kunna gälla för kråkfåglar.

Livet i grupp är inte det enda som förenar kråkfåglarna med oss primater. Liksom vi är kråkfåglar beroende av sina föräldrar under en relativt lång period. Kråkfåglar klarar också olika slags miljöer. De finns nästan överallt på jordklotet. Sverige har åtta arter: kaja, korp, kråka, råka, skata, nötkråka, lavskrika och nötskrika. I hela världen finns över 120 arter. Många av dem har stor hjärna i förhållande till kroppen. Den kvoten är lika stor för en kråka som för en schimpans.

Dessutom är många kråkfåglar allätare, vilket förutsätter en god förmåga att anpassa sig till rådande omständigheter. En mästare i den konsten är den kortnäbbade kråkan, som finns på Nya Kaledonien i sydvästra Stilla havet.

I naturen använder den två slags verktyg.
Av kvistar gör den krokar som den använder till att lirka ut larver ur springor i träd.

Av blad gör den ett annat slags verktyg som den
använder både till att pilla ut godsaker ur hålig-
heter och till att sopa fram småkryp som döljer
sig under det översta jordlagret.

Verktyg som kråkor tillverkar skiljer sig mellan
olika geografiska områden, vilket skulle kunna
vara ett tecken på att de har utvecklat traditioner
som varierar från plats till plats.

Gojan.

Papegojor i frihet håller tillgodo med vad naturen bjuder på. Extravaganser lägger de sig till med först om de hamnar hos människor. Vissa papegojor anses vara intellektuella nog att räkna ut hur de kan gynna sig själva.

Förståndsnivån är så klart inte i klass med människans, men gott nog ändå för en bevingad varelse med liten hjärna som för övrigt är utrustad med kraftig näbb och rund formbar tunga. Utan tvivel är de läraktiga på många sätt och vis. En del gojor lär sig hela meningar av människans ord som de sedan tjatar om och om igen. Detta förfarande uppstår dock företrädesvis bäst om gojan är ensam goja i en miljö som i övrigt består av människor. Till vilken nytta kan man undra.

Förmodligen kan det vara så att de vill vara en i flocken och prata samma språk, vilket mycket väl kan vara en massa goja eller annat trams. Tester visar att om man står framför en goja och upprepar samma mening om och om igen så härmar gojan så småningom samma mening. En del gojor kan till och med efterhärma klangfärger och säga samma mening med flera olika människors accent på så vis att man tydligt kan avgöra vem den härmar.

84.

Detta känner Karin mycket väl till. Hon bor i en lägenhet ihop med en tjugo år gammal goja som sällskap. Karin hade tidigare blivit utsatt för rån vilket satt sina spår.

Det var så att en dag ringde det på dörrklockan och Karin gick och öppnade sin ytterdörr som hon brukar göra när hennes dotter kommer på besök, vilket hon trodde var fallet nu också. Men denna gång stod dessvärre ingen dotter i trapphuset. I stället var där en okänd man som trängde sig in och krävde att få pengar.

Karin blev så chockad och överraskad att hon inte kom sig för att göra någonting alls. Hon bara satte sig på en stol i köket och fick inte fram ett ord. Det fick däremot gojan som ögonblickligen snappade upp de skrikande orden från rånaren, vilka gojan tyckte lät himla kul.

- *Pengar, pengar. Jag vill ha pengar*, gastade rånaren och gojan i mun på varandra i en allt mer eskalerande volym tills rånaren tog till flykten då han troligen blev varse om att de två kombattanterna i korus nu kommit upp i ett sådant volymvarv att de sannolikt hördes av grannarna i hela huset.

Vis av denna händelse så öppnade Karin därefter
aldrig dörren utan att först ställa frågan:
- *Vem är det?*

En ordlydelse gojan naturligtvis lärde sig och så
fort det plingade i dörrklockan så tävlade han
med Karin om vem som kunde hinna först med:
- *Vem är det?*

Det behöver väl knappast nämnas att gojan i alla
lägen var snabbast med repliken.

Besökare blev något konfunderade av detta för
trots att de i allt högre ton uppgav vilka de var
med namn eller företag så fortsatte samma upp-
maning om: - *Vem är det?* att komma ett flertal
gånger inifrån lägenheten tills Karin öppnade.

Nu väntade Karin besök av rörmokaren. De hade
bestämt per telefon att denne skulle komma på
kvällen, eventuellt på förmiddagen om han fick
tid över. Men när klockan i köket slog tio hade
han inte dykt upp.

Klockan blev både elva och tolv men fortfarande
ingen rörmokare. Karin antog att han då skulle
komma på kvällen och gick ut på stan för att
uträtta några ärenden.

Oturligt nog hade hon knappt hunnit lämna kvarteret förrän rörmokaren kom och plingade på dörrklockan.

- *Vem är det*? ropade papegojan inifrån hallen, med Karins accent och klangfärg, för det var den han lärt sig. Denna förmåga spelade sin roll för rörmokaren kände igen Karins röst från telefonsamtalet tidigare i veckan.

- *Det är rörmokaren*, ropade rörmokaren tillbaka och väntade på att kvinnan han hört skulle öppna dörren. Men ingenting hände så han ropade:
- *Det är rörmokaren*, en gång till.

- *Vem är det*? frågade papegojan igen.

- *Det är rörmokaren*, svarade mannen lite otåligare.

Ingenting hände. Han plingade på dörrklockan igen. Lite hårdare och fler plingeling denna gång.

Papegojan ställde samma fråga: - *Vem är det*?

- *DET ÄR RÖRMOKAREN, för helvete*! skrek han nu upprepade gånger, ordentligt uppretad över den förmodligen stendöva "kärringen" på andra sidan dörren.

Rörmokaren började banka på dörren och bankade och bankade, men allt som hände var att papegojan frågade samma fras om och om igen:
- *Vem är det?*

Till slut slog det slint mellan rörpularens öron.
- *DET ÄR RÖRMOKAREN, FÖR HELVETE!*
- *öppna dörren dövkärring*, väste han.

Nu var rörmokaren så fly förbannad att han gick bärsärkagång på dörren. Med ett vrål tog han upp en stor rörtång och slog dörren i spillror.

Upprördheten blev dock för mycket för den medelålders och överviktige mannen. Han fick en massiv hjärtattack, föll raklång in i hallen och dog på fläcken.

När Karin kom hem en timme senare fann hon dörren sönderslagen och en okänd man liggande livlös i hennes hall.

- *JÖSSES!*, skrek hon rakt ut och larmade omgående ambulans och polis innan hon chockad satte sig på en stol i köket.

Polis var först på plats och kunde inte annat än konstatera att mannen på golvet var stendöd.

- *Vem är det*? undrade polismannen vänd mot Karin som inte kände igen mannen på golvet och inte heller fick fram ett ord till svar.

Gojan däremot kunde bättre och blev inte svaret skyldig när den rent upplysningsvis svarade polismannen med manlig gäll irriterad stämma:

-DET ÄR RÖRMOKAREN, FÖR HELVETE!

Anpassning.

Då människan är skapad genom den biologiska evolutionen, där kampen för att överleva är ett viktigt inslag, strävar varje individ oftast efter att förbättra sin egen situation. Alla djur som liksom människan är skapade genom den biologiska evolutionen är därför av naturen egoistiska.

Den liberala ideologin går ut på att man utnyttjar denna egoism för att skapa ett bättre samhälle. Om man ger individerna frihet att arbeta för sin egen välfärd, kommer det flesta att få största möjliga välfärd.

Kampen för att överleva är primärt inte en kamp mot andra, utan en kamp för att skapa mest fördelaktiga villkor för sig själv. Genom att samarbeta med andra kan man förbättra sina levnadsvillkor mer, än om alla bekämpar varandra. Eftersom handlingar som är till gagn för en själv ej därför automatiskt är till skada för andra lika lite som osjälviska handlingar alltid är till nytta för andra, är det fel att tala om egoismen som den största synden, och döma handlingar efter huruvida dom är självviska eller osjälviska.

Om jag tillverkar medicin som jag sedan säljer till sjuka medmänniskor, är det en självisk handling eftersom jag gör det för att tjäna pengar, men samtidigt är det till gagn för mina medmänniskor som med hjälp av mina mediciner kan bli botade från sjukdomar.

Om jag skär sönder sätet i en tunnelbanevagn är det en osjälvisk handling eftersom jag kan ju inte ha någon nytta av att sätet är sönderskuret, men handlingen är trots det inte till gagn för mina medmänniskor.

Det är därför ointressant huruvida en handling är egoistisk eller ej, det viktiga är om den är till skada eller nytta för medmänniskorna. För att skapa det bästa möjliga samhället bör man därför se till så att dom handlingar som är till nytta för medmänniskorna, också är till nytta för den som utför handlingen, och att dom handlingar som är till skada för medmänniskorna också är till skada för den som utför handlingen.

Detta åstadkommes genom straff och belöningar, varvid människornas egoism leder till att dom samarbetar och hjälper varandra.

Människornas handlingar styrs inte enbart av egoismen, utan de kan ofta hjälpa varandra utan att de därför behöver tjäna på det, vilket kallas för altruism.

Man får dock människorna mer hjälpsamma mot varandra om man får altruismen och egoismen att samverka.

Människans egoism är ett resultat av att människan är skapad genom det naturliga urvalet, medan maskinerna är oegoistiska ty dom är skapade av människan. Även djuren som är också är skapade genom naturligt urval är egoistiska. Det naturliga urvalet medför att de djur som av egoistiska skäl främjar sin egen överlevnad har en bättre chans att föra sina egna gener vidare till nästa generation. Kan man tänka sig att det skulle kunna existera egoistiska maskiner som gör uppror mot människan, eller oegoistiska djur?

Djur är inte egoistiska om det gynnar deras gener, vilket de visar genom omvårdnaden av sin avkomma. Fortplantning ökar inte överlevnaden för den enskilda individen, varför han ur egoistisk synvinkel inte borde ha något behov av att fortplanta sig.

Eftersom det är de gener som lyckas påverka individen till att fortplanta sig som ger upphov till nya individer skapas därmed individer som kan påverkas av genernas behov.

Om det gynnar fortplantningen av generna hos ett djur att vara oegoistisk så blir resultatet att djuret blir oegoistiskt. Bytesdjur försöker av egoistiska skäl att undkomma att bli uppätna, då det är de djur som lyckas undkomma som kan föra sina gener vidare. Om man däremot skapar en situation där det är de djur som blir uppätna som lyckas föra sina gener vidare, skulle det leda till att det utvecklades oegoistiska djur som strävade efter att bli uppätna.

Ett exempel på detta är människans husdjur där människan genom avel skapat djur som är anpassade efter människans behov. Att våra grisar oegoistiskt skulle sträva efter att bli uppätna är dock inte troligt, då dom inte själva kan avgöra om dom skall bli slaktade.

Om grisarna själva kunde välja och om man bara förde generna vidare från de grisar som valde att bli slaktade skulle det leda till att man efter många generationer fick oegoistiska grisar som strävade efter att få bli uppätna.

Maskinerna skulle utvecklas av det naturliga ur-
valet istället för av människan, skulle det leda till
att man erhöll egoistiska maskiner, som enbart
tjänade sina egna syften. En förutsättning för
detta är att främst att maskinerna kan konstruera
och tillverka sig själva men även att människan
inte lägger sig i resultatet.

Enbart att maskinerna kan konstruera och
tillverka sig själva räcker inte för att det skall
utvecklas egoistiska maskiner.

Generna hos våra husdjur medför att dessa har
förmågan att konstruera och tillverka sig själva,
men genom avel gynnar vi de gener som konstru-
erar husdjur som uppfyller våra behov.

Så länge som människan kontrollerar vad maski-
nerna konstruerar och tillverkar kommer dom inte
att tillverka egoistiska maskiner som gör revolu-
tion mot människan.

De bästa levnadsvillkoren för en art erhållas om
alla individer är snälla och hjälpsamma mot
varandra. Detta är dock inte vad biologerna kallar
för en evolutionärt stabil strategi.

Instabiliteten ligger i att om alla andra är snälla, så skulle en elak individ leva gott på de andras bekostnad, varvid de gener som ger upphov till elaka individer, därmed skulle gynnas av det naturliga urvalet. Om alla är elaka blir dock resultatet att alla får totalt sett sämre levnadsvillkor.

Den strategi som därför utnyttjas av djur är att vara snäll mot den som är starkare, för att undvika att skadas i konflikter, och elak mot den som är svagare, för att vinna fördelar på dennes bekostnad. Därav kommer tendens hos vissa att instinktivt känna förakt för svaga människor.

En gång i tiden före historiens gryning när även människorna var vilda djur, levde människorna i det rättslösa natursamhället under samma villkor som de vilda djuren. Detta samhälle styrdes av nävrätten, varför tron på den goda vilden är en myt. Människorna har dock genom historien strävat efter att skapa ett mer altruistiskt samhälle, vilket har lett till bättre levnadsvillkor för människorna.

De bättre levnadsvillkoren har dock ofta lett till befolkningstillväxt istället för ökad levnadsstandard. Olika metoder för att främja altruismen kan därvid urskiljas:

Varför finns det människor som trots hotet om bestraffning begår brott? Hos de flesta vilda djur, vilka lever i det rättslösa natursamhället är brottsligt beteende något naturligt. Hos dom flesta däggdjursarter utkämpar hanarna strider med varandra om vem som skall tillåtas att betäcka honorna.

Även den sociala rangordningen bestäms genom strider mellan individerna. Hos de vilda djuren medför ett kriminellt beteende att det enskilda djuret lättare kan vinna dessa strider och får därmed en bättre social position och rikligare avkomma. Som exempel kan nämnas hur man skaffar sig familj om man är lejonhane: Först söker man rätt på en familj där far i huset blivit gammal och svag, och inte längre kan försvara sig.

När man har besegrat och jagat iväg honom fortsätter man med att jaga iväg dom äldre sönerna, varefter man dödar alla små barn. Då honorna därmed är utan barn kommer deras fortplantningsbehov att medföra att dom börjar uppvakta den nya familjefadern.

Eftersom detta beteende är nära förknippat med fortplantningen, har generna ett stort behov att påverka beteendet. Ur rent egoistisk synvinkel vore det bättre för den enskilda djurhanen att dra sig undan, än att riskera att bli skadad i kampen om honorna. Uppkomsten av gener som gör att han ändock deltar i kampen, är därmed oundvikligt, då bärare av dylika gener får en rikligare avkomma.

Detta medför att de gener som gör ett djur får ett kriminellt beteende gynnas genom det naturliga urvalet.

Två skilda strategier för fortplantning existerar hos djur, kvantitet och kvalitet. Antingen föder man så riklig avkomma som möjligt med hopp om att några skall överleva, eller så föder man några få som man tar väl hand om. Valet av strategi styrs av generna. Vilken strategi som förekommer beror givetvis på djurens förmåga att ta hand om avkomman, samt på om djuret kan avgöra vilka som är dess avkomma. Hos högre stående djur förekommer därför kvalitetsstrategin, medan de lägre stående djuren utnyttjar kvantitetsstrategin.

Hos människans närmaste släktingar däggdjuren är det även skillnad i strategi mellan könen. Honorna bär ungarna i sin kropp tills dom har vuxit sig stora nog för att kunna klara sig själva, varefter dom får di av modern under den första levnadstiden för att ytterligare öka överlevnadschansen. Hanarna däremot strävar endast efter att betäcka så många honor som möjligt, och ägnar en stor energi till att slåss med dom andra hanarna om vem som skall tillåtas att betäcka honorna.

Hos vissa djurarter som t.ex. den afrikanska nakenråttan är det istället honorna som slåss med varandra om vem som skall tillåtas att föda ungar. Dessa arter kännetecknas av att de lever i flock, varvid flocken gemensamt samlar in föda åt ungarna.

Genom att besegra de andra honorna, kan den dominerande honan tvinga flocken att enbart försörja hennes ungar, varvid hon kan föda fler ungar. Det naturliga urvalet leder därvid till att det är honorna som slåss med varandra istället för hanarna.

Hos de djurarter där honorna slåss med varandra har det naturliga urvalet lett till att honorna är större och har mer muskelstyrka än hanarna.

98.

Hos de flesta djurarter är det dock hanarna som slåss med varandra, varvid hanarna är större och har mer muskelstyrka än honorna.

Att män i genomsnitt är större och har större muskelstyrka än kvinnor, tyder på att människan genetiskt tillhör de arter där hanarna slåss med varandra om vem som skall para sig med honorna.

Hos fåglarna är det däremot vanligt att hanar och honor lever tillsammans under äktenskaps-liknande förhållande och hjälps åt med att föda upp ungarna. Skillnaden beror på att en fågelhane i motsats till en däggdjurshane lättare kan avgöra vilka barn som är hans. Tiden från det att fågel-honan betäcks till äggläggningen är mycket kort, jämfört med tiden från betäckningen av en dägg-djurshona tills det att ungen föds.

Genom att fågelhanen hjälper till att föda upp ungarna kan ungarna även växa snabbare och snabbt bli flygfärdiga, varvid den riskfyllda tid i livet då fågelungarna är markbundna avkortas. Jämställdheten mellan män och kvinnor skulle varit mycket större om människorna ej vore däggdjur, utan i likhet med fåglarna lade ägg.

Genom att människan inte längre lever i det rätts-
lösa natursamhället, där man måste slå sig fram
med nävrätten, utan i samhälle som regleras av
lag och ordning, är ett kriminellt beteende inte
längre fördelaktigt för den enskilde individen.
Kriminalitet medför i det moderna samhället en
social utslagning.

Människan är därvid ett sällsynt undantag i djur-
riket. Ett beteende som genom årmiljonernas
evolution varit fördelaktigt för den enskilda
individen, har numera blivit ofördelaktigt.

Då generna förändras genom naturligt urval,
vilket är en mycket långsam process, kan gener
som uppmuntrar kriminellt beteende fortfarande
finnas kvar hos somliga. För att generna skall
finnas kvar hos alla krävs att generna vore så
fördelaktiga att individer utan dessa gener inte
skulle överleva eller inte kunna fortplanta sig.

En stor del av problemen i dagens samhälle som
kriminalitet och missbruk orsakas med andra ord
av gener som härstammar från en tid då kriminellt
beteende var en evolutionärt stabil strategi.

Att det är gener vars syfte är att förmå hanarna att deltaga i kampen om honorna, som ligger bakom kriminalitet, styrks av att kriminaliteten främst utövas av män, i samband med att dom blir könsmogna, och av att en stor del av kriminaliteten hos yngre män är oegennyttig, som t.ex. vandalisering. Dessa ungdomar styrs av ett behov att få slåss och samlas i gäng som försöker hitta några motståndare att slåss mot.

Vissa gäng väljer att på ideologiskt grumliga grunder överfalla invandrare, medan andra överfaller de som hejar på andra fotbollslag.

Att många är revolutionära i ungdomen kan bero på att generna då får dom att känna ett behov av att slåss, varför dom anammar en radikal ideologi som kan utpeka en motståndargrupp att slåss mot och som ger dom tron att dom kan skapa ett bättre samhälle genom att besegra dessa motståndare.

Att det är de pojkar som har en dålig kontakt med sina fäder som blir värstingar, tyder dock på att barn i först hand tar efter sina föräldrar, och att generna som ger detta beteende träder i funktion när det saknas en far som kan tjäna som förebild för barnet.

Om man analyserar beteenden hos vilda djur, så finner man en till fullo logisk anpassning avseende på behovet hos generna, till den miljö djuret lever i. Den logiskt tänkande människan visar däremot upp många beteenden som är logiskt inkonsekventa och många gånger närmast självdestruktiva. Detta beror på att människan lever i ett annat samhälle än det hon skapad för och som generna är anpassade till. Det medvetna agerandet hos människorna är fullt logiskt, men inte alltid de beteenden som uppkommer under inverkan av generna.

Hur påverkar generna individens beteende och kan man åtgärda detta? Generna utnyttjar lustcentrum till att påverka individens beteende genom att belöna denne med lustkänslor, när han gör sådana handlingar som generna är programmerade till att få honom att utföra.

Generna är nedärvda biokemiska dataprogram, som inte kan förutse alla situationer som en individ kan komma ett möta under sitt liv.

Därför är vi alla försedda med en hjärna och kan tänka och handla självständigt utan att detaljstyras av generna.

Individens beteende styrs av den del av hjärnan som kallas det primära medvetandet, som strävar efter att uppfylla individens överlevnadsbehov, vilket är gemensamt för individen och generna.

En annan del som kallas lustcentrum övervakar det primära medvetandets agerande och påverkar genom lustkänslor det primära medvetandet och därigenom individen till att uppfylla genernas specifika behov. Då man ej måste utföra de handlingar som man får lustkänslor av att göra, kan man inte säga att generna styr individens beteende, enbart att de påverkar beteendet. Hur stark denna påverkan är bestäms dock av generna.

Genom biokemiska analyser har man i blodet hittat ämnen som monoaminooxidas, MAO och serotonin. Halten av dessa ämnen varierar mellan olika personer, varvid de som har låg halt av dessa ämnen och en hög halt av det manliga könshormonet testosteron ofta blir kriminella.

Enligt vissa uppgifter är det låg serotoninhalt och enligt andra låg MAO-halt som ger denna effekt, varför beteckningen MAO för enkelhets skull får representera båda och eventuella andra ämnen som i låg halt kan ge kriminellt beteende.

Då MAO hämmar lustcentrum i hjärnan, har MAO-halten ett stort inflytande på individens beteende, samt på genernas förmåga att påverka detta. Individen kan även själv påverka lustcentrum med t.ex. alkohol, vilket leder till att personer med låg MAO-halt även lätt blir alkoholister.

Då man inte kan tala med djur skiljer man inte på medvetet agerande hos djur och beteenden som uppkommer under inverkan av generna. Genom att fråga en människa varför han gjorde något, kan man få fram orsakerna, om det är ett medvetet agerande planlagt av det primära medvetandet.

Det beteende som en individ utför under påverkan från lustcentrum, har en individ oftast svårt att logiskt förklara.

Om man frågar några unga ligister varför de slagit ner någon totalt främmande person som de träffat på ute på gatan kan svaret bli; "vet ej".

En individ som p.g.a. lustcentrum frestas till att begå brott kan inta olika attityder till sin brottslighet. Antingen kan han bli en förhärdad brottsling som anser sig ha rätt att begå brott, kanske motiverad med någon oförrätt som han anser sig ha blivit utsatt för.

Men brottslingen kan också inse att det är fel att begå brott att brott egentligen inte lönar sig, och därmed försöker avhålla sig från att begå brott.

Då han inte klarar av att avhålla sig från att begå brott, p.g.a. de lustkänslor han känner då han begår brott, blir resultatet att han får stora psykiska problem enär han inte kan förstå varför han inte klarar av att i likhet med de flesta andra leva ett liv utan kriminalitet.

Den sistnämnda gruppen interneras ofta i sluten psykiatrisk vård i tron att det är deras psykiska problem som orsakar deras brottslighet. Så länge som personen är internerad och därmed förhindrad från att begå brott kan man bota honom från hans psykiska problem, varefter läkaren kan skriva ut honom i tron att han nu är frisk och inte kommer att begå nya brott.

Då han inte längre genom internering är förhindrad från att begå brott kan då de lustkänslor han får av att begå brott leda till att han återfaller i brottslighet, varvid de psykiska problemen återkommer.

Det är alltför ofta som man läser på tidningarnas löpsedlar om friskskrivna brottslingar som begår nya brott så fort som dom har släppts ut från den psykiatriska anstalten.

Det räcker inte med att bota de psykiska problemen utan man måste även studera möjligheterna att genom medicinering eller operation hämma lustcentrum i hjärnan. Detta kommer även att minska brottsligheten hos de förhärdade brottslingarna, för om de inte känner några lustkänslor när de begår brott så kommer de inte längre att behöva legitimera sin brottslighet genom att anse sig ha rätt att begå brott.

Efterklokheten.

Bra nyheter mottages med största tacksamhet när som helst av vem som helst. Den som däremot kommer med dåliga nyheter är sällan önskvärd hur älskvärd och tillförlitlig budbäraren än är. Skillnaden handlar i många fall om utsikt eller insikt. Som med det usla klimatet, där utsikten förmörkas av rök och avgaser blandat med mängder av ppm. Dessa små oxider som vi framkallar allt fler av och som sedan stiger upp i skyn där de osynligt infiltrerar i atmosfären. Insikten om den utvecklingen försökte vetenskapen förgäves pracka på oss redan för 25 år sedan. Men många var det som slog ifrån sig. För så illa kan det väl ändå inte vara. Och säkert är det inte vårt fel heller. Om det ändå, mot förmodan skulle vara som di säger så beror det säkert på någon annan faktor än människan. Idag har fler insett att även en dålig nyhet kan vara av godo om man i tid börjar ta tag i grundproblemet.

Med facit i hand kan man konstatera att den gröna omställningen kunde klarats av i genomtänkt takt och med bibehållen sans och måtta. Men åratal av skygglappar och desinformation medförde att planeten nu hamnat på klimatakuten och där är läget annorlunda.

Tro inte för en sekund att det går att bibehålla klimat, natur och livsvillkor för nuvarande och framtida generationer bara genom någon teknisk uppfinning. En omställning handlar om mycket mer än så. Det krävs även att fler börjar förstå att om en vara inte köps så tillverkas den heller inte. Ansvaret för påverkan av naturresurser och utsläpp kan inte enbart belastas tillverkaren eftersom denne inte kan veta hur och till vad varan ska användas. Bland annat därför att det ofta är många mellanhänder mellan tillverkare och köpare/användare.

Bara köparen/användaren kan veta om varan är till samhällsnytta. Om så icke är fallet bör varan rimligen inte beställas.

Många måste också ändra livsstil inom många områden, där födan är en av de viktigaste. Vad sägs om åtta miljarder människor och fyra miljarder vilda djur. För drygt 100 år sedan var förhållandet det omvända. Ingen anledning till oro varken då eller nu. Men att människan håller 100 miljarder tamdjur i fångenskap är högst bekymmersamt. De flesta äter vi dessutom upp. Men innan dess äter tamdjuren enorma mängder grödor som människan odlar. Problemet ligger i att förhållandet mellan näringen i köttet vice grödan inte står i proportion till varandra.

108.

Skulle tamdjuren halveras och människan i huvudsak äta grödan själv så behövde ingen gå hungrig. Dessutom skulle risknivån för pandemier inte längre vara lika överhängande.

Med "många bäckar små" som ledstjärna går det att komma en bra bit på vägen. Men då krävs engagemang med en full rulle av aktivism och inte ett fortsatt rullande av tummar. Även i samernas land kan en dag fylld av regntunga skyar få den mest inbitne skygglapp att låtsas som om solen skiner över egoismen.

För mycket av mycket.

Epidemier som drabbar människor uppstår lite här och var. Antingen orsakade av bakterier eller virus. Så har det alltid varit enligt historiens beskrivning från förr i tiden. Dagens roller var ombytta för några hundra år sedan när de vilda djuren var dubbelt så många som människorna. Eftersom de vilda djuren ofta är värddjur för virusets möjlighet att utveckla sig så borde dessa rimligen orsakat fler epidemier bland människor förr än nu. Förutsatt att tillräckliga övergångar fanns i form av tamdjur vill säga, som kunde komma i kontakt med vilda djur.

De vilda smittar alltså de tama som i sin tur för över smittan till människorna. Så säger i alla fall epidemiologerna att det vanligtvis går till. De tama djuren är nu hela 100 miljarder i antal. Drygt 12 gånger fler än människorna.

Så det är således ingen brist på presumtiva smittospridare nu för tiden. Så var det minsann inte förr. Även om det fanns boskap, grisar, getter och höns på gårdarna även då så ägde var och en inte tolv tamdjur i snitt.

Plussar man så på förekomsten av dagens tamdjur med massturismen så är det inte så konstigt att epidemierna sprids i flygande fart mellan kontinenter.

Vips har en lokal epidemi blivit till en pandemi. Så var det inte förr. Då stannade epidemin där den startade. Kontentan blir då att risken för en pandemi kan göras i det närmaste försumbar. Antingen genom att kraftigt minska antalet tamdjur som människan håller i fångenskap för att slutligen äta upp, eller att avskaffa massturismen.

Bara att välja då, tycker den praktiske. Men som vanligt fortsätter troligen allt precis som förr. Som det alltid gjort för de som vill och kan få ut mer av det mesta. Sådan är utsikten förutan insikt. Helt anspråkslöst.

Människans och planetens läge kan vara svårt att uppfatta i ett land som Sverige. Vi är ett litet folk på en stor landyta som dessutom är förhållandevis sval i jämförelse med andra länder.

Inom halva Sverige har vi landhöjning som bidrar till att hålla havshöjning i schack. Det finns en miljömedvetenhet med de produkter vi producerar.

Vi försöker värna om vår natur så att den ska hållas ren och frisk. Men vi är samtidigt en del av en allt mer integrerad världsekonomi och vårt ekologiska fotavtryck ute i världen är stort och växande. Vi exporterar teknologi och råvaror som förädlas i andra länder. Vi importerar mycket av det vi använder till vardagen.

Alltför mycket kan man också säga eftersom denna konsumtion gör avtryck i naturen i andra länder.

När regeringar och hushåll lever över sina finansiella tillgångar är sambanden enkla att förstå, obalanserna i naturen är svårare att uppfatta.
En orsak är bristerna i bokföringen. När tropiska skogar kalhuggs eller när haven dammsugs på fisk blir resultatet en pluspost i BNP-statistiken. Att naturkapitalet totalt sett förlorat i värde och kanske aldrig mer återhämtar sig, redovisas aldrig.

Det nära sambandet mellan ekonomi och miljö borde vara lätt att förstå. Men vi har byggt en ekonomisk modell där förutsättningen är att resurserna alltid skall finnas där.

112.

Alltför länge har vi levt på myten om den eviga materiella tillväxten och föreställningen att naturens skafferi är oändligt stort.

Modellen fungerade bra när både befolkningen och ekonomins omsättning var liten. I dag håller det inte längre. Naturkapitalet kommer inte att räcka.

Dagens tillväxtmodell är inte miljömässigt hållbar. Samtidigt är negativ tillväxt inte hållbar av ekonomiska och sociala skäl. Hela vår ekonomi är uppbyggd på förutsättningen av fortsatt expansion. Slutsatsen är att vi måste utveckla en radikalt annorlunda ekonomisk modell.

Dagens i stort sett linjära materialflöden måste ersättas av slutna kretslopp. Tillväxtens dilemma är en realitet. Problemen är extra svåra att lösa i en värld där befolkningen fortsätter att öka snabbt och där en femtedel av befolkningen i dag lägger beslag på mer än 80 procent av resurserna.

Starka reformer krävs för att öka rättvisan i resursfördelningen. Vi som lever i den rika världen måste hålla tillbaka våra materiella krav till förmån för fattiga människor i andra delar av världen. Utan tvekan behöver människan bli listig som en räv för att klara alla utmaningar.

Naturlagar och andra lagar.

Huruvida naturlagarna är oföränderliga vet vi inte. En naturlag är en teoretisk beskrivning av hur naturen fungerar.

Naturvetaren, Sir Isaac Newton publicerade den mekaniska naturlagen 1687. Han framförde då tre fundamentala lagar: tröghetslagen, kraftlagen och lagen om verkan och motverkan.

Inom fysiken har begreppet naturlag fått stå tillbaka för begreppet teori. Man försöker formulera naturfenomenen med mer omfattande beskrivningar där lagarna och matematiken sätts in i ett större sammanhang. Einsteins allmänna relativitetsteori t.ex. beskriver samma fenomen som Newtons mekanik med ett generellare sätt och från helt andra utgångspunkter.

En krympande gemensam välfärd ses snarast som en naturlag där gemensamma ansträngningar misslyckats och som måste kompenseras med privata alternativ och privat finansiering. Att sätta naturens lagar ur spel ger katastrofala följder menar organisationen Greenpeace, som råder oss att skydda naturen för då skyddar den oss.

Lyckas inte det så finns Murphys lag om alltings jävlighet i ett korollarium:

-Om något kan gå fel, så kommer det att göra det.
-Om någonting inte kan gå fel, så går det alltid fel i alla fall.
-Om någonting som inte kan gå sönder ändå går sönder så sker det alltid på ett ställe som är omöjligt att komma åt.

Nixons lag går mer ut på att man kan lyckas genom att skylla på andra eller annat:

-Den som har förmågan att le när saker och ting går åt skogen har redan funderat ut vem han ska skylla på.

Doktor Bern är helt övertygad om att konspiration är bästa receptet:

-Om du bara samlar in tillräckligt med data, så kan du bevisa vad som helst med statistik.

Professor Weiler är realismens förespråkare i alla naturliga frågor:

-Ingenting är omöjligt för den som slipper utföra det.

115.

Den listige.

Listig som en räv, sägs det ju att även en männis-
ka kan bli. Frågan är då om vi är det redan.
Nja, säger forskningsresultat som i stället pekar
mot att ordspråket "släkten är värst" bättre stäm-
mer överens på oss tvåbenta varelser, även om
båda talesätten syftar på ett skamfilat anseende
som listig och opålitlig. En värsting helt enkelt
som inte är det minsta anspråkslös.

116.

Räven raskar över isen är en gammal slagdänga. Att räven raskar mycket längre och snabbare än människor stämmer absolut. Upp till 30 mil på ett par veckor kan den vandra. Listig är den också, precis som sitt rykte, eller åtminstone flexibel och individuell.

Ny forskning ger ledtrådar till varför räven lyckas så bra som art. Rödräven är ett av de mest spridda landdäggdjuren. I Sverige finns den i alla miljöer, ända upp till fjällkedjan där den konkurrerar med den hotade fjällräven. Men hur många är de egentligen? Och hur rör de sig? Det är frågor som ett skandinaviskt samarbetsprojekt om rödrävens ekologi arbetat med.

Fakta är att de kan röra sig mycket längre än man trott när de flyttar från ett område till ett annat, upp till 30 mil på ett par veckor. Den faktiska distansen kan vara upp till fem gånger så lång, berättar doktoranden Zea Walton som studerar rörelsemönster med hjälp av gps-teknik.

Rävar har fångats in. 36 av dem förflyttade sig 5-30 kilometer, men sex rävar gjorde längre vandringar. Den snabbaste räven gick tre mil på en dag.

Rörligheten kan minska risken för inavel, men den kan också förklara den snabba spridningen av sjukdomar som skabb.

Zea Walton har slagits av hur individuella rävarna är, men också den stora flexibiliteten när det gäller livsmiljö och födoval. En sorts listighet på artnivå som få kan utmana. Så visst är räven listig i sin päls som är tjockast vintertid. Rävens pupiller är vertikala som en huggorm eller katts, vilket ger god nattsyn.

Kanske är det mest i sagan som rävar framställs som listiga, men så är det i verkligheten också för räven är väldigt anpassningsbar och finns i alla miljöer.

Rävens yviga svans utgör en tredjedel av kroppens längd och har ofta vit spets i änden. Räven lyckas ofta överlista människor som håller höns och ta sig in i hönshuset för att knipa hönor. Det är naturligtvis detta som ligger till grund för fiendskapen mellan människan och räven. Det sägs att räven aldrig jagar nära sin egen lya, för att inte avslöja för jägarna var den ligger. Påståendet stämmer faktiskt. Dess lya har dessutom minst två ingångar, så att räven ska kunna smita ut bakvägen om jägaren ändå kom.

118.

En viss beundran finns också i uttrycket
"en gammal räv". Då tänker vi ofta på någon
som har lång erfarenhet och kan alla tjuvknep.
Och precis som räven inte drar sig för att använda
knepen själva om det kniper.

Att höra en räv skälla var förr i tiden ett dåligt
varsel. Och om räven visade sig nära ett bonings-
hus var sannolikt ett dödsfall att vänta på gården.
Ett omen som ju inte var helt osannolikt. I alla
fall inte om man var höna.

Rävens värsta fiender förr i tiden var varg, lodjur
och kungsörn som inte tvekar att angripa en räv
när tillfälle ges. Även i vår tid är situationen den-
samma.

Räven själv är ett hot mot många djur. Den äter
gärna sork, möss och för haren är den en mycket
svår fiende. Oftast jagar räven i gryning och
under natten. Rävhonan lämnar sina ungar i ett
gryt och går på natten ut på jakt. Även hanen
hjälper till med att skaffa mat till ungarna. Om en
hona dör är det inte ovanligt att hanen tar över
ansvaret. De som jagar räv vet också att räven
kan vara ett svårfångat byte. Om en räv ser något
som de inte känner igen och som de inte accep-
terar flyr den fältet.

Den ser snabbt något som inte stämmer och sticker från platsen. Därför blir många jägare utan byte när de är på rävjakt. Ordspråket "bättre fly än illa fäkta" kan mycket väl hän-föras till rävens motto i naturen.

Räven har faktiskt mycket gemensamt med katter också. Det får man inte glömma bort för den egenskapen är inte försumbar. Precis som katten är räven som mest aktiv efter att solen har gått ner. Den jagar även på ett liknande sätt som en katt gör, genom förföljelse och kasta sig över sitt byte. Och det är egentligen bara början på likheterna. Begreppet "vig som en katt" skulle mycket väl kunna bytas mot "vig som en räv". Precis som katten har räven även känsliga morrhår och en sträv tunga.

De går på tårna likt många kattdjur och har även infällbara klor, vilket gör att de kan klättra på hustak eller i träd. Vissa rävar sover även i träd, precis som katter kan göra.

Rävarna använder sig utav jordens magnetiska fält. Som en guidad missil med inbyggd GPS utnyttjar räven jordens magnetfält för att jaga.

120.

Andra djur, som exempelvis fåglar, hajar och sköldpaddor har också detta "magnetiska sinne", men räven är den första som vi har upptäckt som använder det för att jaga och fånga byten.

Mamman skyddar sina valpar med en överraskande lojalitet. Nyligen upptäcktes det att en rävvalp hade fångats i en fälla i England och satt fast i två veckor. Valpen överlevde dock tack vare att dess mor gav valpen mat varje dag. Det kan man kalla för ett anspråkslöst beteende.

En räv är också oerhört lekfull, och det hör inte alls till ovanligheten att räven leker med andra djur, som exempelvis katter eller hundar. Och precis som hundar älskar de bollar, vilket har blivit ett stort problem på många golfbanor, då golfbollarna stjäls av de leksugna rävarna.

Ordspråken talar sitt språk. Lika envist som en åsna. Men i Tyskland brukar man säga att kungens åsna ändå bara är en åsna i mängden bland alla andra åsnor. I Afghanistan anser man att det är samma åsna överallt, men bara med en annan sadel. I England tycker man att det är bättre att rida på en åsna än en häst som bara kastar av ryttaren. I Kenya är man van vid att åsnor alltid säger tack med en spark och att folk som uppfört sig som en åsna ser ut som en uggla i nyllet.

I Spanien rekommenderas den som har blivit kallad för åsna tre gånger att sätta på sig ett betsel.

I Egypten figurerar ett gammalt ordspråk som handlar om att man inte ska vara för generös, för är man naiv nog att bjuda in någon i huset så har man också bjudit in hans åsna.

Åsnan är ett av de viktigaste husdjuren, och har skildrats i många olika litterära sammanhang. Den representerar både positiva egenskaper som flit och anspråkslöshet, och negativa egenskaper som envishet och dumhet. Åsnan är också maskot för demokratiska partiet i USA.

Åsnor förekommer ofta i religiösa motiv, som Jesu födelse och intåget i Jerusalem.
Eftersom åsnan är känsligare för kyla än hästen, har den inte fått någon större spridning i norra Europa. Åsnan utmärks av uthållighet och anspråkslöshet med avseende på födan. Den kan uppnå betydligt högre ålder än hästen. Det finns exempel på åsnor som varit i bruk i 55 år.

Människougglan.

I Milnes underbara böcker om "Nalle Puh" finns en uggla som på något sätt ska symbolisera klokhet och kunskap.

I dessa helt genialiska böcker lyckas man vinkla begreppet om klok uggla på ett helt underbart sätt.

Ugglan i böckerna försöker leva upp till den där myten om "den kloka ugglan", men med rätt svaga resultat, eller som Nalle Puh förklarar det för Nasse: "Ugglor har egentligen ingen hjärna, men ändå är det så att de på något underligt vis vet saker som vi andra inte vet".

Uttrycket "Klok som en uggla" är äldre än de flesta tror och mer verklighetsbakgrund än man kan ana.

Man skulle också kunna tillägga att detsamma även gäller för fabler i allmänhet. De allra flesta föreställer sig att djuren i fabler bara har en allegorisk betydelse, men det stämmer faktiskt inte! Faktum är att många djur under medeltiden spelade en annan roll än idag, och i flera fall även såg annorlunda ut och agerade på ett helt annat sätt än någon nutidsmänniska har kunnat observera. Ett exempel är de fruktade medeltida kaninkrigarna, som under århundraden slogs med människorna om herraväldet. Ett annat exempel är just ugglan.

Under medeltiden fanns det nämligen en gren av ugglorna som var förvånansvärt lika människor, både till utseendet, kynnet och rent begåvningsmässigt.

124.

Huruvida de faktiskt var närmare släkt med män-
niskorna än andra ugglor, eller fjäderfän över-
huvudtaget, eller om det bara rörde sig om ett fall
av konvergent, människoliknande evolution i de
mörka medeltidsskogarna är en fråga som debat-
teras flitigt, och med en ovanlig grad av frenesi,
också bland de även vanligtvis passionerade
medeltidsforskarna! Exakt hur vanliga de
människoliknande ugglorna var i ett godtaget
vetenskapligt perspektiv är svårt att säga.
Det står klart att de så att säga "vanliga" ugglorna
var betydligt fler till antalet, men även att de
"människoliknande" tenderade att dominera alla
medeltida uggle-samhällen. Eller sammankomster
och sammanhang överhuvudtaget där ugglor
förekom i mer än enstaka exemplar.

Till sin hjälp i denna dominans hade de inte bara
sin större intellektuella förmåga och sakkunskap,
utan också sin envishet samt beredvillighet att ta
till stundom ganska fula debattknep.

De "människoliknande" ugglorna var inte bara
besserwissrar av ganska stora mått, utan hade
också en ganska nedlåtande attityd och tvekade
inte att tillgripa såväl personangrepp som en tidig
form av härskartekniker när deras mer seriösa
argument inte riktigt till.

De andra ugglorna, och ofta även andra fåglarna, kände ofta att deras argument inte riktigt räckte till, men andra gånger handlade det mera om att de tyckte att de "människoliknande" ugglorna var enormt jobbiga, då de sällan slutade tjafsa innan de kunde anses ha avgått med segern.

Därtill bör nog deras vanligtvis överlägsna storlek och fysiska styrka nämnas i sammanhanget. Det bör tilläggas att det även ska ha funnits schyssta och omtänksamma människougglor. I annat fall kan man få för sig att så snart en art börjar likna en människa så upphör den att vara anspråkslös, vilket alltså inte stämmer.

Denna "människoliknande" gren av ugglorna dog dock ut. Vi vet inte riktigt när detta skedde, men under senmedeltiden var de betydligt mindre vanliga. Enskilda isolerade populationer kan ha levt kvar betydligt längre, vi får hoppas att framtida fynd kastar ett ljus över den saken!

Det förefaller också ha funnits olika anledningar till att de dog ut. Men det tycks stå klart att den viktigaste var att de allt tekniskt avancerade och välorganiserade människorna såg dem som en uppstickare, och möjligtvis som en konkurrent.

126.

Minnet av dessa människoliknande ugglor levde dock kvar, och har lämnat viktiga kulturella avtryck som Jakob Uggla i Fablernas värld, eller ugglan Helge i Från A till Ö. Givetvis glädjande att dessa så speciella medeltidskreatur inte glöms bort, men det förtjänar ändå att framhållas att många av de verkliga "människoliknande" ugglorna hade en betydligt jobbigare personlighet. Utöver detta finns ett missförstånd att de släkter som idag heter Uggla skulle härstamma från dessa medeltida djur.

Detta stämmer givetvis inte men det är dock fullt möjligt att dessa "människougglor" inspirerade till det adliga namnet af Ugglas, vars ättlingar kan beskåda sin sköld på Riddarhuset.

Det står väl annars utom allt rimligt tvivel att människan i grunden är det klokaste och listigaste däggdjur som hittills har levt här på jorden. Om det är bra för resten av jorden och naturen är en annan fråga. Men vi har trots allt kapaciteten. Hur vi sen använder den är en helt annan sak. Just nu aspirerar vi stort på titeln "Jordens dummaste art", då människan onekligen har satt sina klumpiga avtryck i historien. Såväl ugglans klor som rävens fötter har lämnat betydligt trevligare spår efter sig så här långt.

Det finns knappast någon individ inom någon levande art som är helt igenom anspråkslös.

Men så finns ju det där med mer eller mindre också. Har någon sett ett djur eller insekt gå omkring i varuhus i modetrendiga kläder och handlat kolgrillar, leksaker och möbler.

I näthandeln kataloger kan man peka ut hur mycket grejor som helst som "kan vara bra att ha" men egentligen inte nödvändiga. Allt som tillverkas är i grunden en resurs från en begränsad natur. Hur länge denna resurs räcker när vi människor blir allt fler finns det beräkningar på. Svaret finns och många vet att den inte är oändligt. När det gäller föda så tar även djur och insekter för sig så länge det räcker för ingen art har någonsin själv, på egen hand, lyckats hålla populationen begränsad. Om djur eller insekter av olika arter blir för många i antal så att de tär på naturens balans, vilket förekommer regelbundet, då blir de reglerade. Antingen av högre stående arter eller sjukdomar, eftersom de inte har någon sjukvård.

Det yttersta ansvaret ligger hos människan eftersom vi är den enda art som har förmågan att ta just detta ansvar. Och det gör vi till viss del. Men bara för andra arter.

128.

Naturens två kraftiga verktyg mot överpopulation - virus och bakterier - skyddar vi oss emot med vaccin och antibiotika. Hittills har vi lyckats med att bemästra dessa naturens bödlar trots att angreppen blivit allt värre. Bödlarna är minst lika kluriga dom och utvecklar resistens mot vår medicin. Är det någon som på fullaste allvar tror att vi kan vinna kampen mot naturlagarna.

Dessutom trycker vi undan insektsarter som främjar vår egen existens. Vi är inte ens snälla mot varandra. Vi delar inte jämlikt utan roffar åt oss om vi kan. Hjälper inte det så krigar vi mot varandra med tillverkade vapen. Djur och insekter av samma art samarbetar i hög grad i stället, då det är bästa metoden för att överleva och undvika bråk och osämja.

Tveklöst är människan i jämförelse med de flesta djur och insekter inte tillräckligt anspråkslös.

Prekariatet.

Envishet och bestämdhet är två sidor av samma mynt. Om det går riktigt överstyr kan man till och med prata om en dåres envishet. Att vara envis innebär att vara motsträvig och inte lyssna på förnuftet, medan bestämdhet innebär att man fortfarande är villig att lyssna och byta riktning.

Envishet kan vara en dygd i vissa falla. Det kan vara den perfekta extraingrediensen vi människor behöver för att nå svåra mål. Som anspråkslös hållbarhet på en begränsad planets yta till exempel.

Även om Sverige på flera sätt är ett föredöme i miljöfrågor, är vi svenskar bland de värsta när det gäller att konsumera mer än vad planeten klarar av. Vår överkonsumtion leder till att skogar huggs ned, vatten förorenas, hav fylls av plast, växt- och djurarter utrotas och klimatförändringen förvärras.

Vad är det då vi konsumerar för mycket av? I stort sett allt, tyvärr. Vi äter för mycket kött, vi flyger för mycket, vi kör för mycket bil och vi köper för många nya mobiler, kök, kläder, soffor och prylar i allmänhet. I Sverige lever vi som om det fanns 4,2 jordklot.

Det innebär att djur, natur och människor i andra länder och generationer får betala för det vi konsumerar. För att vi ska kunna nå FN:s mål om en hållbar konsumtion och produktion till 2030 behöver vi förändra våra konsumtionsmönster radikalt. En hållbar konsumtion handlar om att producera och konsumera inom planetens gränser. Just nu tar vi ut mer naturresurser än vad naturen hinner återskapa. Det gäller till exempel skogar, sötvatten, matjord och fisk.

När det gäller råvaror som inte är förnybara, till exempel metaller och andra grundämnen som fosfor, riskerar de att ta slut.

En annan mycket allvarlig effekt av vår överkonsumtion är den globala massutrotningen av arter, det vill säga förlusten av biologisk mångfald. Tre fjärdedelar av alla arter på jorden riskerar att försvinna under de närmaste århundradena. Därmed hotar vi själva fundamentet för ekosystemen och vår egen överlevnad på jorden.

Lika illa är det med klimatförändringarna. Med nuvarande konsumtionstakt dröjer det inte många år innan vi drivit klimatförändringarna så långt att de blir självförstärkande och då går de inte att hejda.

En svensks genomsnittliga koldioxidutsläpp ligger på 11 ton koldioxid per år, om hela vår konsumtion räknas in. Det är tio gånger mer än vad som är hållbart. Redan till 2030 måste utsläppen globalt ned till 2,5 ton per person och år om vi ska klara Parisavtalets mål. I Sverige behöver minskningen gå ännu fortare. På sikt måste vi komma under 0,7 ton. Ett problem är att de totala utsläppen från vår konsumtion tidigare inte har uppmärksammats som de borde.

Det beror på att två tredjedelar av svenskarnas konsumtionsbaserade utsläpp sker i andra länder och därför räknas som utsläpp i de låglöneländer som producerar våra kläder och prylar. Det gör att Sveriges utsläpp ser ut att vara mycket lägre än de egentligen är.

Konsekvensen blir att utsläppen från större delen av vår shopping och från våra utlandsresor inte omfattas av Sveriges klimatpolitik.

Till att börja med behöver vi alla tänka på hur mycket och vad vi konsumerar. Modetänkandet måste upphöra.

I stället för att köpa nytt kan vi ta hand om de kläder, skor, möbler och prylar vi redan har.

Vi behöver även äta mer vegetariskt och mindre kött, åka mer kollektivtrafik och mindre flyg och bil och vi behöver spara/investera våra pengar på ett betydligt grönare sätt.

Men det är inte bara individens ansvar att få ned sin konsumtion till hållbara nivåer. Vi har inte tid att vänta på normförändringen; massutrotningen av arter och klimatförändringen behöver adresseras kraftfullt och det nu. Därför behövs en samhällsomställning till en cirkulär ekonomi.

Vi kan inte längre fortsätta använda ändliga naturresurser för att tillverka ständigt nya prylar som slängs och eldas upp. Istället behöver vi börja designa produkter som produceras resurssnålare, håller längre och som kan repareras, återbrukas och materialåtervinnas.

Vi behöver ett samhälle som premierar begagnat framför nytt, att reparera framför att slänga och som gör det lätt att hyra och låna istället för att äga allt själv. Det kallas kollaborativ konsumtion eller ägodelande.

Om vi ska lyckas måste det till kraftfulla politiska åtgärder för att minska överkonsumtionen. Vårt samhälle har allt för länge varit fixerat vid BNP-tillväxt.

Tillväxten har blivit ett mål i sig, istället för att ses som ett mått på en möjlighet att skapa en god utveckling.

Nu måste samhällets utveckling börja ske på ett sätt som respekterar villkoren för hållbar utveckling och jordens gränser. Därför måste vi ersätta vår ineffektiva och resurslösande konsumtion med ett hållbart sätt att leva och konsumera för nu börjar massan av allt det material vi människor har skapat på jorden att bli större än den totala biomassan på vårt klot. Det visar en studie som publicerats i tidskriften Nature.

Enligt Robert Hart, professor i miljö- och naturresursekonomi vid Sveriges lantbruksuniversitet, illustrerar det här på ett nytt sätt vilken effekt vi har på planeten.

Det blir en ännu tankeställare kring den stora påverkan vi har på Jorden. I alla fall om man jämför äpplen med mobiltelefon för det är ungefär vad forskarna har gjort i studien, fast i mycket större skala.

De har sammanställt tidigare forskning som visar den totala massan av det material vi människor har skapat, som byggnader, vägar och teknik.

134.

Sedan har de jämfört det med data på den totala biomassan på jorden, som all vegetation och alla djur. Vatten, exempelvis hav, ingår inte i de beräkningarna.

Och snabbt har det gått också. Sedan år 1900 har vår skapade massa dubblerats var tjugonde år, skriver forskarna.

Resultaten är relativt säkra och ger en negativ upplevelse av just skalan och omfattningen av vår påverkan, säger Line Gordon, chef för Stockholm Resilience Center vid Stockholms universitet.

Studien väcker flera frågor kring hur vi använder jordens resurser. Det här kan man ju se som en av drivkrafterna bakom många av de miljöproblem vi har, som förlust av biologisk mångfald, klimatpåverkan etcetera. Vi behöver förvalta den här planeten på ett mycket bättre sätt.

Det kan vi gör med vrida över fokus på konsumtionsbaserade utsläpp i stället för territoriella utsläpp som Parisavtalet grundas på.

Samtidigt protesterar de unga i tusental på gatorna i många av Europas städer.

Guy Standing kallar de missnöjda individerna för *prekariatet* i sin bok The New Dangerous Class. Kärnan i prekariatet är de unga som tillhör den förlorade generationen.

Han menar att de ekonomiska förändringarna de senaste decennierna håller på att skapa en ny klass som lever och arbetar ofta genom serier av korttidsanställningar där det inte finns någon stabil yrkesidentitet eller karriär.

I prekariatet finns både invandrare och etniska svenskar eller andra européer. Och eftersom de till stor del står utanför systemet så tenderar de att inte identifiera sig med det och de är därför öppnare än andra för avvikande lösningar, som exempelvis radikal islam eller partier som det grekiska Gyllene Gryning.

Ungdomarna i *Generation Identitaire*, som nyligen ockuperade en moské i Poitiers, kan också ses i det här sammanhanget. Från sina ledare får prekariatet höra att de tillhör en förlorad generation. De förväntas vara glada och känna sig berikade av att tiotusentals invandrare kommer in i landet samtidigt som det inte finns jobb för dem som redan bor där.

136.

Om de dessutom får stryk eller blir rånade av ett ungdomsgäng, eller får se livsglöden slockna i ögonen på en kompis efter att hon har blivit våldtagen, så kanske man kan ha en viss förståelse för att en del av dem utvecklar okänsliga attityder mot en eller annan minoritet som uppfattas som problematisk.

Guy Standing menar att prekariatets erfarenhet har fyra kännetecken:

Vrede: Där Generation Identitaire är ett föredöme just nu. Om man är missnöjd och förbannad så ska man försöka göra något åt saken som stör, utan att för den sakens skull ta till destruktiva ytterligheter.

Anomie: Uppstår när de sociala banden upplöses i normlöshet. Det kan ses som en brist på social ordning, men ska inte blandas samman med anarki. Vi är sociala varelser och när banden mellan individen och samhället bryts ned och den sociala ordningen fragmenteras så mår vi inte bra. Sociologen Emil Durkheim skrev om det här fenomenet i en bok med den talande titeln Suicide. På den här punkten är det ganska uppenbart vad traditionalister har att erbjuda.

En social ordning som vi tillhör, även om många av oss för tillfället har glömt det, med rötter som sträcker sig långt tillbaka in i förhistoriens dimmor. Den bortskämda äldre generationen vill att vi ska slösa bort det här och påstår att endast onda nazister tänker på sånt.

Men den store smålänningen och kritikern av Hitlers Tyskland, Vilhelm Moberg uttryckte sig så här 1941, alltså under andra världskriget: Sverige är vårt, det är sex och en kvarts millioner levande svenskars land. Men det är även de dödas land, deras som byggt upp det åt oss från början och lämnat oss sitt verk att förvalta och förkovra. De döda är åtskilliga millioner flera än vi. De har mycket att säga oss nu, och vi är skyldiga att lyssna till dem. Vi lyssnar till dem genom att minnas vad de uträttat och genom att värdesätta deras strävan. De kan icke mera värja sitt verk. Det åligger oss.

Ångest: I en situation där samtiden är oförutsägbar blir förstås framtiden ännu svårare att sia om. Det är helt naturligt att uppleva ångest och känslor av meningslöshet då. Men livet har alltid varit en kamp. Våra förfäder hade ibland problem att finna föda till kroppen, för oss är det istället svårt att finna föda till själen.

Se det som en utmaning att inte låta öknen göra dig apatisk!

Alienation: Främlingskapet kan förstås verka i flera dimensioner, men jag tror att den nivå som fångar flest människor just handlar om den sociala ordningen.

När den bryts ner och ersätts av normlöshet så försvinner också gemenskapen i samhället. Eftersom det inte längre finns något socialt sammanhang att relatera till så riskerar livet att bli meningslöst. Ett svar på frågan som problemet ställer är att engagera sig för att återupprätta den sociala ordningen som vi ärvde av våra förfäder och som vi som ansvarskännande och mogna människor borde vara intresserade av att föra vidare till våra barn.

För en minoritet kan också tigerritten vara en meningsfull hållning till öknen. Öknen breder ut sig, ve den som bär öknen inom sig, som Nietzsche skrev. Den förlorade generationen kan mycket väl komma att innefatta de flesta av oss, inte bara de som är ca 16-30 år gamla just nu. Ty vi har dels en stor ekonomisk kris som vi går allt djupare in i och som gör livet prekärt för alltfler, och vi har dels våra ledare, som lever kvar i världen som den såg ut på 1990-talet.

Då kunde det verka som att Fukuyama hade rätt
när han skrev att historien hade tagit slut och inga
stora förändringar väntar oss i framtiden. Men så
ser det inte ut idag. Världen har fortsatt att röra
sig, men de politiska ledarna följer en gammal
karta som för varje dag som går stämmer allt
sämre med den föränderliga verkligheten.

Samma naturresurser nyttjas oftast av flera
användare och eftersom de inte alltid samarbetar
för att garantera naturresursens överlevnad utan
snarare tänker på sin egen vinning finns risk för
att det kan leda till överexploatering och i värsta
fall en resurskollaps. Om naturresursens storlek
och kapacitet dessutom är osäker, sägs exploate-
ringen öka eftersom användarna har en tendens
att överskatta resursens storlek, eller försöker dra
nytta av osäkerheten för sin egen vinning.

Under 2000-talet har många fattiga afrikanska
länder och vissa asiatiska länder sålt ut mark och
landområden. Köparna utgörs av multinationella
företag och andra länder som sedan exploaterar
dessa områden. Detta fenomen har kommit att
kallas för landgrabbing (markrofferi). Det kan
handla om att marken innehåller naturresurser i
form av mineraler och metaller, men även att där
finns goda möjligheter att anlägga jordbruk.

Den mat och de naturresurser som utvinns genom landgrabbing tillfaller inte den fattiga befolkningen, utan säljs istället till högsta möjliga pris på världsmarknaden.

I kombination med klimatförändringar har markutförsäljningen fått katastrofala följder. En ökad temperatur med torka som följd har tillsammans med markutförsäljningen resulterat i kraftigt minskad matproduktion i de fattiga länderna. Bristen på vatten och mat har tvingat många människor att ta till vapen och kämpa för sin överlevnad.

Tillkomsten av terrorgruppen Boko-Haram, som är baserad i Nigeria, men även härjar i grannländerna har alltså sin grundförklaring i överlevnadsvillkor. Liknande terror sker i Egypten av gruppen Al Jihad. Grupper av radikala muslimer härjar i Kenya och Tanzania, Ansar al-Sunna i Mocambique, Uganda, Sydafrika, Mali, Mauretanien och hela västra Sahara. Al-Shabaab härjar i Somalia och Sydafrika. Folk tar alltså till vapen om de tycker att de inte får sina grundläggande behov tillgodosedda. Detta har pågått i många år nu och trots stora ansträngningar från de afrikanska staterna med internationellt stöd så har situationen eskalerat.

Afrika är idag Islamiska Statens nya slagfält. En kontinent som präglas av svaga stater och omfattande korruption utgör en rik mylla för IS att växa i vilket ofrånkomligen påverkar flyktingströmmarna till EU men även efterhand varutillgången för stora delar av världens ekonomier. Men att döma alla muslimer som tänkbara terrorister, som många gör på sociala medier är helt fel. Många av de som vägrar ansluta sig till IS tar till flykten, och det gör de rätt i.

Alternativet för de delar av befolkningen som staten inte förmår skydda är att bli rånad, utnyttjad i slaveri, svälta ihjäl eller bli avrättad.

Egoismen i människan tar uppenbarligen sina uttryck långt innan de grundläggande behoven tryter. Vissa tar sig friheten att med hot av vapen ta för sig med våld. Och det är ju inte precis att leva anspråkslöst.

Ödmjukhet är själens anspråkslöshet.
Så uttryckte sig furstinnan Malisja Molokslawa
av Ljubien efter sin make Svjatoslavs härjningar
på 900-talet då khazarernas rike föll samman.
För den åsikten blev hon halshuggen.

Vemod blir till armod. (epilogen)

I Jonathan Jeppssons bok kan man läsa att klimatkatastrofen inte går att undvika. Att det redan är försent. Forskningsrapporterna visar entydigt att år 2060 är 1,5 miljarder människor på flykt från översvämningar, bränder och krig samtidigt som dödliga sjukdomar sprider sig när permafrosten tinar upp gamla djurkadaver.

Man ska följa lagar och konventioner, eftersom rättsprinciper, rättstänkande och allas likhet inför lagen är samhällets fundamentala ryggrad.

Rätten att söka asyl i Sverige och i alla andra länder som är anslutna till FN är lagstiftad.

En asylsökande är inte att betrakta som någon migrant. Det är först om asylanten får avslag, efter konstaterande om saknat skyddsbehov, som asylanten blir migrant och kan då avvisas till det land den är medborgare. Rätten att söka asyl gäller alla och är inte olaglig även om vederbörande får avslag. Om däremot ett FN-land motar bort asylsökande från sin mark utan prövning eller försöker förhindra deras ankomst, så är det ett lagbrott.

Övriga inresande är antingen turister, migranter eller importerad arbetskraft. Om myndigheterna beslutar att migranter ska återvända till det land de kom ifrån så ska detta verkställas förutsatt att migranternas ursprungsland går att identifiera, i annat fall är migranterna statslösa och kan då enligt lag inte utvisas även om de begått brott.

Men alla de som flyr för att alls överleva eller försöker undgå förföljelse har laglig rätt att stanna inom EU som asylanter. Om det ska gälla permanent eller tillfälligt avgör varje FN-land.

Att ta ställning på tvärs och motarbeta de regelverk som offentligheten har enats om vore att säga att det som valda politiker har beslutat och skrivit under är fel och att vi kan strunta i lagar och regler. En sådan uppfattning har inte rättslig förankring och är i så fall bara en åsikt. Om någon tycker att lagen är fel, så är det inte ett lagbrott att driva opinion för att ändra den. Men så länge lagen gäller ska den följas - av alla.

Skördarna minskar kraftigt, vattenbrist skapar krig mellan nationer och redan 2050 har vi lika mycket plast som fisk i haven. Parisavtalets mål om högst 1,5 graders uppvärmning till 2100 och halverade koldioxidutsläpp till 2050 kommer inte att uppnås enligt vad forskare beräknat.

145.

Trots att politiker av alla kulörer optimistiskt sprider ett budskap att grön teknik ska rädda oss.

En bister insikt där vi måste börja vakna upp och inse att allt kanske redan är över. Att vi måste vänja oss vid tanken att vi redan lever i klimatförändringens tidevarv. Att den i princip blir omöjlig att hejda. Vi luras med i karusellen av att förändringarna går så långsamt att klimatkatastroferna blir ett normaltillstånd. Människan är lyckligtvis väldigt anpassningsbar så vi kan nog hanka oss fram rätt länge. Men till slut kommer en punkt där de samverkande klimatkatastroferna blir för massiva.

Då är frågan vad som händer med den mänskliga existensen, när vi inte kan göra allt det vi i dag menar är målet med livet, att resa och konsumera. Då måste vi hitta en ny mening med livet, i en värld full av umbäranden som vi själva förorsakat. För det går inte att hantera över en miljard klimatflyktingar utan att upprätta en moralisk bindning mellan vårt sätt att leva i västvärlden och de som drabbas av vårt sätt att leva. Men även om läget är prekärt så kan vi ju inte bara ge upp. Så här ska det inte bli och så får det inte bli tycker säkert många. Men så länge vi har ett hopp luras vi av det.

146.

Så länge det finns hopp finns också möjligheten att var och en kan behålla sin livsstil som den är i en naiv tro att det kommer en teknisk lösning framöver som kan rädda oss undan förändringar i klimatet. Tror man det kan man inte se verkligheten som den är. Då lever man inte på riktigt. Därför är det olyckligt när världsledare säger att vi klarar 1,5 grader och att det värsta som kan hända är att unga tappar hoppet.

För faktum är att även om vi upphörde med alla utsläpp i dag, skulle vi inte klara det målet.

Då kan man verkligen undra hur de unga ska kunna bli medvetna individer när de utlovas detta utan att behöva göra någonting. Bara djupa ekonomiska kriser har gjort att utsläppen minskat. Som finanskrisen och Sovjets fall till exempel. Om man tänker sig en annan världsordning så är det en icke-överkonsumerande attityd som ska implementeras i samhället. En lära utifrån pedagogisk grund där alla får nöta skolbänken.

Målet måste vara ett leverne där vi inte flyger och reser och shoppar hejvilt. Där vi lever ett mycket enkelt och anspråkslöst liv.

Det är säkert tråkigare, men våra barn och barnbarn skulle tvekslöst rösta för den modellen om de förstod sambandet mellan tillgång och efterfrågan i naturens vetenskap.

147.

Att bli mer anspråkslösa och sluta överkonsumera skulle alltså vara det enda möjliga receptet.
Ändå kanske det är försent för den åtgärden också eftersom vi redan lever i det sjätte massutdöendet.

Konsekvensen i vårt nuvarande sätt att leva medför att vi just nu pumpar ner så mycket energi i havet i form av värme att det är som att spränga flera atombomber varje sekund.
Till syvende och sist blir havet mättat och värmen slår över i atmosfären. Vemod följs av armod när insiktens bleka sanning gör sig påmind.

Syftet med denna bok är att skapa en förståelse och insikt om att människan nog inte är så smart alla gånger. Vi har mycket att lära från djurens värld. Vår tillvaro kanske inte hade varit enklare om vi levt lika anspråkslöst som många djur gör. Den kanske inte hade varit roligare heller, men tveklöst mindre bekymmersam.

Gillis Bergh 2021